倉山 満

JN179765

# 2時間でわかる政治経済のルール

講談社＋α新書

# はじめに

平成30年10月2日、つまり昨年の秋に第四次安倍改造内閣が成立した時に断言しました。

この内閣は長くても来年7月までで終わりだ、と。

と書くと、何か予言者のような言い方です。実際、こういう予言者のような断定的な言い方をして〝商売〟をしている方も多数いらっしゃるようで……。

さっそく、種明かしをしましょう。

政治のルールがわかっていて、カレンダーを見れば、こんなことは誰でも言えるのです。この程度でよければ、この本を読み終え中身を身につけた瞬間、あなたは政治評論家としてデビューできます。少なくとも、本書に書いてある知識も理解しないでプロを名乗っている人――肩書が、学者であれ、作家であれ、評論家であれ、ジャーナリストであれ――は、何人もいます。ちなみに第二章では地政学、第三章では経済学の基礎知識も合わせてご紹介しますから、「地政学者」「経済評論家」を名乗っても構わないでしょう。

本書は、手っ取り早く本質的な知識を身につけたい人向けに書きました。

では、「政治のルール」とか「カレンダー」とか、何のことでしょうか。簡単に説明しましょう。

世界の国の政治を大きく二つに分けると、独裁国家と民主国家に分けられます。わかりやすく典型的な独裁国家がサウジアラビアで、サウド家という王様一族が権力を独占し、政治をすべて牛耳っています。中国やロシアは、形式上は選挙を行っていますが、実態は独裁です。中国では共産党独裁で、幹部の間の権力闘争を勝ち抜いた人が独裁者となります。今は習近平です。同じようにロシアでもウラジーミル・プーチンの独裁が始まって、はや20年になろうとしています。

それに対して、サミット参加国のアメリカ・イギリス・フランス・ドイツ・イタリア・カナダ、それに我が日本国は民主国家です。民主国家では選挙で政治が決まります。

ちなみに新聞を開いて見てください。日本全国どこかで必ず選挙が行われています。上は国政にかかわる選挙から、下は町長選挙や町議会選挙まで。本当に一日も欠かさず、日本中どこかで選挙が行われています。

現に、選挙が終われば次の選挙を手伝って生活している人もいます。たとえば、A県の選挙でウグイス嬢をやって、終わればB県の選挙で……という感じです。選挙になると選挙カーから「よろしくお願いします♡」という女性の声が聞こえてくる光景は風物詩ですが、みんな同じような声で同じようなしゃべり方をしていると思いませんか。それもそのはず、彼女らは「プロ」なので技術が同じなのです。アナウンサーがアナウンス学校で技術の基礎を習うように、ウグイス嬢と言われる人たちも「プロ」なので、しっかりとした技術を持っているのです。といっても、「ウグイス嬢学校」がある訳ではなく、実戦経験で覚えているようですが。余談ですが、女性の場合は「ウグイス」ですが、男性の場合は「カラス」と言います。

まあ、そんな業界の話はどうでもいいでしょう。「選挙で政治が決まる」の「政治」とは、国の政治のことです。日本国の政治を決める選挙とは何でしょうか。

一つは、衆議院選挙です。我が国の最高権力者は総理大臣ですから、総理大臣を選ぶ衆議院議員を選ぶ衆議院選挙は、国の運命を決める最も大事な選挙です。ただ、１９５５年以来、衆議院選挙を何度やっても自由民主党が勝ちます。負けたのは２回だけです。だから自由民主党のリーダーである総裁を決める、自民党総裁選挙の方が実際には重要です。

そして、もう一つ。参議院選挙が重要です。

わかっていない人が書いた本では、「参議院なんて衆議院のオマケだ」みたいなことが書いてあるのですが、そういう本に出くわしたら「わかってないのはお前だ！」と、読むのをやめてしまいましょう。理由は本文で縷々《るる》説明しますが、とんでもない！　日本の政治は参議院選挙で決まるのです。真の政治のプロは、そういう見方をしています。

横道にそれつつ、背景がわかったところで答えの解説をします。

なぜ、第四次安倍改造内閣は、長くて今年の7月までなのか。7月までに、参議院選挙があるからです。衆議院は解散と言って、いきなり選挙になることもありますが、参議院は絶対に3年に1回です。今の参議院議員の任期が7月に切れますから、必ず7月までに参議院選挙があります。3年ごとに参議院選挙がある。こんなことは、今の時代はネットですぐに検索できますから、「参議院選挙」と検索し、日本国憲法制定以来24回行われた参議院選挙がいつ行われたかを調べればわかります。

次に、内閣の任期です。内閣とは大臣の集まりで、総理大臣が他のすべての大臣を任命します。これも、たとえば「安倍内閣」と調べてみれば、任期がだいたい1年だとわかります。安倍晋三首相が返り咲いた最初の内閣だけは例外的に約21ヵ月続きましたが、「この内閣は極めて長い」とニュースになったほどです。実際、史上最長任期です。

普通の内閣は1年で大臣を入れ替えます。これを「内閣改造」と言います。また、衆議院選挙・自民党総裁選挙・参議院選挙などがあった場合、内閣改造を行うことがあります。

さて、昨年10月に成立した内閣は、今年7月に参議院選挙を迎えます。政治のプロは、「少し短いけど、内閣を改造するだろうな」との常識で判断するのです。

そう言えば、今の内閣ができたとき、新聞が「在庫一掃内閣」と書き立てたのを覚えているでしょうか。「今まで大臣になれなかったような人が大量に入閣している」という意味です。別の言い方をすれば、「どうせ、この内閣は普通の内閣よりも任期が短くて大した仕事もできないのだから、今まで大臣になれなかったような可哀そうな人たちを大臣にしてあげよう」ということです。

これは、政治のプロならば全員知っている常識です。ちなみに政治のプロとは、選挙で当選した政治家、秘書や政党職員など、政治で生活している人たちのことです。政治学者や政治評論家の肩書で騙《だま》されてはいけませんが、学者や評論家でも、政治の実際を知っている人ならば、常識です。

ここまで話せば、昨年10月に内閣ができた瞬間に、「この内閣は長くて来年の7月まで」と断言した理由がおわかりでしょうか。

いきなり安倍内閣が退陣するとか、突発事故でもない限り、政治の常識なのです。ちゃんとした少しばかりの知識を持って、カレンダーをながめていれば、社会のことはわかってくるのです。

社会のことを知りたい、と思いつつも、何を信じ、どうやって勉強したらいいかがわからない人は多いと思います。

本書は、そんな人たちのために書きましたので、気軽にお読みください。

2時間後に読み終わった時には、社会のことが手に取るようにわかっていると思います。

◉目次

## 第三章　日本の経済は日銀で決まる

## 第四章　日本の総理大臣は参議院選挙で決まる

## 第五章　国民の未来は官僚が決めている

# 第一章　日本の政治はカレンダーで決まる

## 日本会議は本当に日本の黒幕か？

最初に「安倍内閣を通じて日本を支配している」と噂のアノ団体のお話から、はじめましょう。

安倍内閣は、「戦後レジームからの脱却」を掲げて返り咲きました。戦後レジームとは、日本国憲法、特に九条を中心とした体制のことです。安倍首相の熱心な応援団は、そう考えています。

安倍首相を熱心に支持する保守系団体に、日本会議があります。一時期は「日本会議産業」と言われるほど、毎月「日本会議」と名のつく本が出版されていました。安倍内閣を通じて日本を支配する黒幕のように語られていました。だから信じる人も続出して、社会的地位が高くて知性が高いはずの人までもが「日本会議黒幕説」を信じていました。

確かに日本会議は全国規模の組織で、週末になると全国どこかで必ず集会を開いています。とはいうものの、その動員力はたかが知れていて、最大規模で1万人です。平成27年11月10日に日本武道館で開かれた「今こそ憲法改正を！ 1万人大会」です。この会だけが突出していて、５００人集まれば多い方、かなり集まる集会でも約１０００人です。普通は１００人以下の会ばかりです。これだと、市議会議員の集会以下です。

こういうことは、ちょっと取材すればわかるのですが、普通の人にそんな暇はないでしょう。もっともジャーナリストとして「日本会議」と名のつく本を出すならば、それくらいの取材はしてほしいものだと思いますが。

私はたまたま知り合いが多くて日本会議の実態を知っていましたので、「日本会議」と名のつく本がでるたびに、「あーあ、また、取材しないで書いているか、事情を知らない人を騙して儲《もう》けようとしている人が商売を始めたな」と冷ややかな目で見ていました。

では、普通の人が、嘘に騙されなくなるには、どうすればいいでしょうか。

まずは、公開情報を読み解く癖《くせ》をつけることです。

ここでは、日本会議の最大動員人数に注目してください。労働組合が動員をかければ、翌日に４０００人が集まると言われます。２０１５年の安保法制騒動の時は毎日、国会議事堂の前で数万人がデモを行っていました。この事実は、ニュースで普通に流れています。ちなみに労働組合や左翼（リベラルとも言う）的な人たちの「主催者発表」は、かなり水増しされるのが常です。インターネットで保守的右翼的な言論をする人たちは「ネトウヨ」と呼ばれますが、その人たちは毎日のように「主催者発表」を揶揄《やゆ》していました。「10万人なんて嘘だ。3万人くらいしかいないじゃないか」と。

お気づきになりましたでしょうか。仮に左翼・リベラルが3万人を10万人に水増ししていたとしましょう。では、保守・右翼の陣営はどうなのか。死力を尽くして1回限り1万人を集めただけです。その3倍の数を、左翼・リベラルは毎日動員しているのです。憲法改正反対派は推進派の軽く3倍の勢力を動員できるのです。日本会議なる団体が、日本を支配する黒幕なわけがありません。

それより、もっと簡単に日本会議黒幕説の嘘を見抜く方法があります。もう一度、日付を見てください。「今こそ憲法改正を！　1万人大会」は、平成27年11月10日に開かれました。4年前の集会です。本当に日本を支配している団体なら、「今すぐ」と掛け声をかけながら4年も憲法論議が欠片《かけら》も進んでいないのはどうしたことでしょう。

日本会議は安倍内閣を通じて日本を支配しているどころか、安倍内閣の応援団の一つにすぎないということです。

## 政治日程を見れば憲法改正は無理

では、いったい憲法改正は実現するのか、しないのか？

政治の常識では「無理」です。それは、カレンダーを見れば一目瞭然《いちもくりょうぜん》です。今年、2019年の政治日程をカレンダーにまとめてみました。憲法改正をやるなら、「何月にやるのか？」です。

**2019年の政治的日程**

1月　通常国会召集
3月　予算通過
4月　統一地方選挙
4月30日　天皇陛下譲位
5月1日　皇太子徳仁《なるひと》親王践祚《せんそ》
6月28〜29日　第14回「金融世界経済に関する首脳会合」(20ヵ国・地域首脳会合、G20首脳会合、G20金融サミット)が大阪で開催。
(財務大臣・中央銀行総裁会議は福岡。ほか各地で閣僚会合あり)
7月　参議院選挙

8月　先進国首脳会議（G7サミット）（フランス　ビアリッツ）
10月1日　消費増税8％↓10％
10月22日　即位礼正殿の儀
11月　アメリカ大統領選挙（2020年）に向けて選挙戦が本格化。
11月14〜15日　大嘗祭《だいじょうさい》

まずは毎年のこととして、1月に通常国会を召集して、予算を審議します。毎年の通例として、3月に国会で予算が通過します。予算というのは、集めた税金を使うという、国家の意思です。予算が通らないと、政府機能が麻痺しますので、毎年、原則として3月中に予算案を可決します。もし3月までに予算が通過しないと、暫定《ざんてい》予算を組み続けなければなりません。

それが終わると、今年は4月に統一地方選挙があります。

「明るい選挙推進協会」ホームページ（2014年）に統一地方選挙についての「概要」がありました。わかりやすいので、ご紹介しておきます。

(http://www.akaruisenkyo.or.jp/2015touitsu/2015touitsu_about/)

地方公共団体の議会の議員又は長の選挙は、その団体が自主的に期日を定めて執行するというのが原則ですが、特例を定める法律によって全国的に期日を統一して行うものを統一地方選挙と言います。有権者の選挙への意識を全国的に高め、また選挙事務や費用を節減する目的で、4年ごとに行われています。

……地方公共団体の議会の議員又は長の任期は4年なので、それ以降任期の途中で議会の解散や長の退職といったことがなければ、4年ごとに多くの団体で任期満了を迎えることになります。……

その後、市町村の合併、長の死亡や辞職、議会の解散などにより、統一地方選挙での選挙の実施率（統一率）は下がってきてはいますが、今回も全国1788の地方公共団体のうち、13・0％に当たる233団体で首長選挙が、41・7％に当たる745団体で議員選挙が実施される予定です。

1947年（昭和22年）5月に日本国憲法が施行されるのに合わせて、その前月に全地方公共団体で一斉に選挙が行われたのが第1回統一地方選挙です。そういう歴史的経緯から、全国同時に地方選挙が行われています。ただし、右記引用にあるように「市町村の合併、長の死亡や辞職、議会の解散など」といった諸事情により、選挙の時期がズレた自治体もあります。

統一地方選挙は4月の日曜日、2回に分けて行われます。2回目は翌週の日曜日ではなく、1週間空けて行われるのが慣例となっています。今年の選挙は、都道府県・指定都市は7日、市区町村は21日に行われます。

そして30日の火曜日に譲位が行われ、今上《きんじょう》陛下は上皇となられます。二百年ぶりの出来事です。

つまり、4月に日曜日は4回ありますが、そのうち2回は統一地方選挙、もう1つ(28日)は譲位の2日前です。

ちなみにある団体は去年から「来年4月に憲法改正国民投票だ!」と集会で怪気炎をあげていたのですが、不可能です。もしやるとするならば14日の日曜日でしょうが、そうなれば3週連続投票に行くこととなります。慌《あわ》ただしすぎます。さらに言うと、それまでに衆参両院で憲法改正を発議しなければなりません。3月の予算が通るまでに、制定以来約70年間、誤植一文字も変えられなかった憲法改正を審議して発議するなど、常識はずれです。予算の片手間に審議するということですから。以上、4月は改憲ができない月なのです。

## 徳仁殿下践祚からサミットまで

譲位の翌日、5月1日には徳仁殿下が践祚《せんそ》されます。「践祚」は耳慣れない言葉だと思われるかもしれませんが、簡単に説明しますと、位につくことです。即位は、本来、位についたことを広く知らせることです。その意味での即位は10月に行われます。新聞やテレビは5月に行われる践祚のことを「即位」、10月に行われる即位を「即位式」と呼んでいます。この「践祚」と「即位」の違いや、「上皇」に関して、より詳しくは小著『国民が知らない上皇の日本史』（祥伝社、２０１８年）をご参照いただきたく思います。

5月上旬、めでたい譲位・践祚はゴールデンウイークの真っただ中に行われます。今年に限り5月1日は祝日ですので、4月30日と5月2日が国民の休日となり10連休となります。この時期に国民投票を行うなど、投票に来るなと言わんばかりの嫌がらせです。もし、行えば、非難囂々《ごうごう》でしょう。そもそも、10連休にしたのは安倍内閣自身ですから、ここで国民投票などありえません。

6月には「金融世界経済に関する首脳会合」、いわゆるG20が大阪で開催されます。この前後に、ようやく国会が閉会します。国会が閉じると7月に参議院選挙がありますから、全政党が選挙モードになります。とても憲法改正どころではありません。

なお、例年5～7月に行われる先進国首脳会議（G7サミット）が今年は8月に行われます。今回はフランス南西部のビアリッツ。ピレネー山脈北側の大西洋に面したリゾートにて開催です。

つまり、２０１９年上半期＋２ヵ月は憲法改正どころではないのです。


**消費増税延期もありえない？**


では、その後ならできるのでしょうか？

ところが、安倍首相は10月1日に消費税を10％に引き上げると宣言しています。

そもそも、増税を掲げて選挙に勝てるのか。相手が枝野幸男代表率いる立憲民主党だから楽勝と踏んでいるのでしょうか。

口が悪い政界関係者は「確かに安倍内閣は死に体だけど、他が全部死体なので、生きているだけで安倍一強」と評したりもします。事実その通りでしょう。

ただ常識で考えて、選挙の年に憲法九条改正と消費増税10％を掲げるなど、正気ではありません。ただ、安倍批判派が弱すぎて、その常識が通じないのも最近の日本政治ですが。

そこで、増税延期を掲げて衆参ダブル選挙に持ち込み、三度目の延期を行うのではないかという人もいますが、おそらくそれはないでしょう。安倍内閣は消費税増税分を教育無償化の財源に当てるよう予算に組み込んでいるのです。それは昨年に行われた総裁選のときからの計画です。増税延期となれば、予算を組み換えなければなりません。そんな面倒なことをするぐらいなら、初めから増税などと言わないでしょう。

ひょっとして憲法改正などやる気がなく、「増税する」と言って、わざと参議院選挙で負けるつもりでしょうか。「参議院で3分の2の勢力がなくなってしまったので、本当は改憲したかったのですが、できなくなりました〜」と弁解に使う？

それでは選挙に負けさせられる個々の議員は、たまったものではありませんが。

あるいは逆に、7月までは絶対に憲法改正ができないのだから、いっそ参議院選挙と同時に衆議院解散をぶつけて同日選挙にしてしまえば、衆参両院で3分の2の多数を維持できる。危険な賭けですが、今の自民党主流派の合言葉は「相手が民主党なら勝てる」です。しかも、そのタダでさえ弱い民主党が、立憲民主党と国民民主党に分裂しているのです。自民党は楽勝ムードです。

いずれにしても、カレンダーで読むのが、政治の定跡《じょうせき》なのです。

憲法改正、今でしょ？　と気合を入れたい人がいるのはわかりますが、「いつやるの？」なのです。逆に、「憲法を変えられたらどうしよう……」と怯《おび》えている人もいるかもしれませんが、「変わる可能性は限りなく０％に近いので安心してください」と言ってあげたくなります。

## 日本の内閣は短命

「歌手一年、総理二年の使い捨て」

竹下登元首相の迷言です。当の本人は、リクルート事件という贈収賄《ぞうしゅうわい》事件が発覚して、２年ともたずに退陣となりましたが。

事実、日本の総理大臣はよく変わります。左の表の通り、コロコロ変わります。

| 歴代内閣 | 任期 |
| --- | --- |
| 吉田茂（第一次政権） | 昭和21年5月22日～昭和22年5月24日 |
| 片山哲 | 昭和22年5月24日～昭和23年3月10日 |
| 芦田均 | 昭和23年3月10日～昭和23年10月15日 |
| 吉田茂（第二次政権） | 昭和23年10月15日～昭和29年12月10日 |
| 鳩山一郎 | 昭和29年12月10日～昭和31年12月23日 |

| | |
|---|---|
| 石橋湛山 | 昭和31年12月23日〜昭和32年2月25日 |
| 岸信介 | 昭和32年2月25日〜昭和35年7月19日 |
| 池田勇人 | 昭和35年7月19日〜昭和39年11月9日 |
| 佐藤栄作 | 昭和39年11月9日〜昭和47年7月7日 |
| 田中角栄 | 昭和47年7月7日〜昭和49年12月9日 |
| 三木武夫 | 昭和49年12月9日〜昭和51年12月24日 |
| 福田赳夫 | 昭和51年12月24日〜昭和53年12月7日 |
| 大平正芳 | 昭和53年12月7日〜昭和55年6月12日 |
| 鈴木善幸 | 昭和55年7月17日〜昭和57年11月27日 |
| 中曽根康弘 | 昭和57年11月27日〜昭和62年11月6日 |
| 竹下登 | 昭和62年11月6日〜平成元年6月3日 |
| 宇野宗佑 | 平成元年6月3日〜平成元年8月10日 |
| 海部俊樹 | 平成元年8月10日〜平成3年11月5日 |
| 宮澤喜一 | 平成3年11月5日〜平成5年8月9日 |
| 細川護熙 | 平成5年8月9日〜平成6年4月28日 |
| 羽田孜 | 平成6年4月28日〜平成6年6月30日 |

| | |
|---|---|
| 村山富市 | 平成6年6月30日～平成8年1月11日 |
| 橋本龍太郎 | 平成8年1月11日～平成10年7月30日 |
| 小渕恵三 | 平成10年7月30日～平成12年4月5日 |
| 森喜朗 | 平成12年4月5日～平成13年4月26日 |
| 小泉純一郎 | 平成13年4月26日～平成18年9月26日 |
| 安倍晋三（第一次政権） | 平成18年9月26日～平成19年9月26日 |
| 福田康夫 | 平成19年9月26日～平成20年9月24日 |
| 麻生太郎 | 平成20年9月24日～平成21年9月16日 |
| 鳩山由紀夫 | 平成21年9月16日～平成22年6月8日 |
| 菅直人 | 平成22年6月8日～平成23年9月2日 |
| 野田佳彦 | 平成23年9月2日～平成24年12月26日 |
| 安倍晋三（第二次政権） | 平成24年12月26日～ |

今の安倍内閣は長く続いていますが、その前の長期政権と言えば小泉純一郎、その前は中曽根康弘。さらにその前は佐藤栄作、吉田茂、と日本国憲法下では5年続いた内閣は5回しかありません。残り28回はそれ以下で、３年続いた内閣を入れても岸信介と池

田勇人だけです。残り26の内閣は3年以内に潰《つぶ》れているのです。

とはいうものの、平成に入ってからの30年、内閣の任期が異様に短くなっているのに気づいたでしょうか。

特に、第一次安倍・福田・麻生・鳩山・菅・野田の6つの内閣が、6年の間に交代しています。平均任期1年です。その原因は、追々説明していきますが、結論から言うと、参議院選挙で負けた影響です。

え？　日本の総理大臣は衆議院選挙の結果で決まるんじゃないの？　と思っている人も多いでしょうが違います。平成の内閣の退陣原因をまとめてみましたので、見てください。

| 内閣 | 退陣原因 | 参議院選挙との関係 |
|---|---|---|
| 竹下登 | 支持率低下。 | 89年選挙直前だったため。 |
| 宇野宗佑 | 参議院選挙敗北の責任。 | 89年選挙で敗北。 |
| 海部俊樹 | 与党の造反。 | |
| 宮澤喜一 | 政治改革を突き付けられ不信任。総選挙で敗れ、下野。 | 92年選挙で敗北。 |

| | | |
|---|---|---|
| 細川護熙 | 支持率低下。 | |
| 羽田孜 | 与党の造反と内閣不信任案。政権交代。 | |
| 村山富市 | 参議院選挙敗北の責任（事実上）。 | 95年選挙で敗北。 |
| 橋本龍太郎 | 参議院選挙敗北の責任。 | 98年選挙で敗北。 |
| 小渕恵三 | 病気。 | |
| 森喜朗 | 支持率低下。 | 01年選挙直前だったため。 |
| 小泉純一郎 | 事実上は禅譲。 | 01年選挙（小泉劇場）で大勝。長期政権の基盤に。04年選挙（人生いろいろ選挙）では敗北。郵政解散で取り返す。 |
| 安倍晋三 | 参議院選挙大敗後、病気退陣。 | 07年選挙大敗。ねじれ国会へ。 |
| 福田康夫 | ねじれ国会に苦しむ。 | 07年選挙大敗の余波。 |
| 麻生太郎 | ねじれ国会に苦しみ、衆議院選挙で大敗。政権交代。 | 07年選挙大敗の余波。 |
| 鳩山由紀夫 | 支持率低下。 | 10年選挙直前だったため。 |

| | | |
|---|---|---|
| 菅直人 | ねじれ国会に苦しむ。 | 10年選挙大敗。ねじれ国会へ。 |
| 野田佳彦 | ねじれ国会に苦しみ、衆議院選挙で大敗。政権交代。 | 10年選挙大敗の余波。 |
| 安倍晋三 | | 13年選挙（アベノミクス）で大勝。長期政権の基盤に。16年選挙でも大勝。 |

## どうなるかより、どうするか

途中から、同じ文言が大量にコピペされているのに気づいたでしょうか。いくつか法則を発見できると思います。

一つは、内閣の退陣原因は、与党を抑えられないことと参議院選挙の敗北（負けるとわかっていたら先に退陣する場合もあり）。もう一つは、参議院選挙の敗北は内閣総辞職につながっているということ。例外は10回中3回だけです。その3回は、支持率が高かった小泉さんと今の安倍さんだけです。

衆議院選挙で政権交代したのは2回だけです。それでも絶対に自民党が勝つと決まっていた昭和の選挙よりは、変化がありますが。

本書では「ルール」を学んでいきますが、政治や経済はスポーツのように絶対のルールブックがあるわけではありません。だから、歴史を学んで「法則」のようなものを見つけなければならないのです。

現時点で、日本の運命は2019年7月以降、どうなるかわかりません。

しかし、私は常々、「どうなるかより、どうするかだ」と説いています。

増税するのか。憲法改正するのか。それらにどんな意味があるのか。良いことなのか、悪いことなのか。それを私たち一人ひとりが考えていかなければなりません。増税しては景気回復がなりません。景気回復がならなければ憲法改正どころではありません。

基本的には私もいつかは憲法改正をするべきだと思っています。しかし、今ですか？何のために憲法改正するのですか？　最も大事なのは日本が生き残ることです。そのために喫緊《きっきん》の課題は何ですか？　優先順位を間違えてはいけません。

何より日本だけで世界が成り立っているわけではないので、諸外国の動向を考慮しなければなりません。

次章では世界の国々を見ながら、日本のあり方について考えてみましょう。

〈本章のまとめ〉

●まず、カレンダーを見よ！　社会のことが見えてくる。

●２０１９年は過密スケジュール。憲法改正など、いつやる？

●日本が生き残るための優先順位を間違えるな！

# 第二章　日本の運命は国際情勢で決まる

## 勝海舟と坂本龍馬と地政学

有名な伝説があります。

幕末、坂本龍馬が初めて勝海舟に会いにいった時のことです。龍馬は勝海舟を殺すつもりでした。しかし勝海舟は「まあ待て、話を聞け！」と地球儀を見せます。

そして勝は、指で示しながら説明します。

「イギリスという国があって、ロシアという国がある。そして、日本がここにある」と。

驚いた龍馬は、「本所通りはどこですか？」と聞き返します。

勝からしたら、「本所通り、なんだそれは？」です。

興奮している龍馬は、「ワシが生まれた土佐の町です！」と答えます。

勝は「あ〜」と相槌《あいづち》を打って、「そんな町は地球儀には載っていないが、土佐ならここだ」と、これまた指で教えてあげます。

日本の小ささに仰天し、自分が世界を知らなかったことを恥じた龍馬は、その場で勝に弟子入りした。そして大陸国家のロシアよりも小さな島国のイギリスの方が強いことを知り、「これからの時代は海軍だ！」と海舟に協力して海に飛び出していく——という話です。

この話の元ネタは、勝海舟が幕末の有名人について語った『追賛一話』です。それによると、龍馬が海舟を訪ねたおり「若し公の説如何に依りては敢えて公を刺んと決したり。今や公の説を聴き大いに余の固陋を恥づ。請ふ、これよりして公の門下生とならんと」と述べたそうです（『幕末維新史料叢書　第二』人物往来社、１９６８年）。

このエピソード、現在は研究者の間では勝海舟自身が広めた話で演出過多ということに落ち着いています。このとき龍馬は、越前福井藩主・松平春嶽の紹介状を持って行っているのです。当時の海舟はエリート官僚ですが、役所で言えば局長級でしょうか。春嶽は今で言えば、岸田文雄みたいな方です。派閥を率い大臣を何回もやったような大物政治家の紹介状を持ってこられたら、訪ねられた局長も悪い気はしないでしょう。

ちなみに、当時の龍馬はフリーターです。やたらと行動力はありました。

この話が事実と思われないのには他にも理由があって、龍馬は既に地球儀くらい見ているのです。龍馬の出身の土佐にはジョン万次郎がいます。ジョン万次郎は漁師で、漂流の末に渡米し、運良く帰国できた人です。

万次郎は漁の最中に突風にさらわれ遭難しましたが、アメリカ船に救助されました。

他の乗組員はハワイに留まったのですが、船長に気に入られた万次郎はアメリカに渡り、数学や測量、航海術、造船技術などを学ぶ。後に帰国し、土佐藩の士分に取り立てられ、藩校の教授となります。聴講生には龍馬の他に、後藤象二郎や岩崎弥太郎などがいました。

万次郎は通訳・翻訳などでも大活躍し、１８５３（嘉永六）年に黒船が来航すると江戸に招聘《しょうへい》され、幕府の軍艦教授所の教授に任命されます。１８６０（万延元）年、日米修好通商条約の批准書交換の遣米使節団に通訳として勝海舟らと共に渡米し、同行していた7歳年下の福沢諭吉に外国生活に関して助言するなどしています。明治に入ってからは開成学校（のちの東京大学）の英語教授となり、普仏戦争視察団の一員としてヨーロッパに出張しています。

万次郎は当時の日本で随一の国際人で、龍馬もその影響を受けています。

しかし、その脚色された伝説が広まり、多くの人に信じられているのは、海舟の主張に説得力があるからです。ここで勝が言いたかったのは広い視野を持てということ。世界は広いのだ、日本国内で争っている場合ではないということです。

「イギリスという国があって、ロシアという国がある。そして、日本がここにある」

これ、実は地政学なのです。今でも世界の指導者の頭の中は常に地政学で出来上がっています。

## 海を支配する者は世界を支配する

地政学とは地理的な環境に基づいて、その国の政治的・経済的決定、特に軍事・外交上の問題についての取り組みを研究する学問です。というと難しいですが、「土地の上に国があって、その国どうしの政治」と言えばわかるでしょうか。国が生き残るのに地理的条件を無視できませんから、地理に基づいて国の政治を考えようというのが地政学です。その地理的条件とは、「どの国が隣国か」が最も重要な条件となります。日本の場合は、「自分が海洋国家、隣に大陸国家の中国があり、間に半島国家の朝鮮がある」という感じです。いつの時代も、中国や朝鮮との関係は重要です。

そして龍馬と海舟の伝説を現代に置き換えるなら、「アメリカという国があって、中国という国がある。そして、日本がここにある」です。地政学で見ると日本が置かれた条件は、本質的に何も変わらないのです。

地政学には、いろいろな系統があるのですが、現代では英米系の海洋国家地政学が主流となっています。1890年に発表された米国海軍将校アルフレッド・マハンの『海上権力史論』(原題は"The Influence of Sea Power Upon History, 1660-1783" 複数の翻訳がある)によって世界中に広まりました。日本では日露戦争で大活躍する秋山真之などが影響を受けています。百年以上も前の著作ですが、基本的に今も有効です。

内容を一言で表すと、「海を支配する者は世界を支配する」ということです。近代において20世紀初頭までは大英帝国が世界を支配していました。これに対して陸を支配する者が挑《いど》みます。当時はロシアです。冷戦時代はアメリカとソ連(ソビエト社会主義共和国連邦)、現代においてはアメリカと中国が対決していて、海を支配する者(イギリス→アメリカ)vs陸を支配する者(ロシア→ソ連→中国)の構図はまったく変わっていません。

中国が南沙《なんさ》諸島(スプラトリー諸島)など、海に出たがっているのは、習近平だろうが江沢民だろうが誰だろうが、頭の中が地政学で出来上がっているからです。

### 地政学の五つのキーワード

その地政学を理解する上でどうしても覚えておいてほしい用語は五つだけ。アクター(関係国)、パワーズ(大国、列強)、ヘゲモン(覇権国)、チャレンジャー(挑戦国)、イシュー（争点）です。

日本語があるなら何もわざわざカタカナにする必要はないと言われそうですが、馴染《なじ》みのないカタカナ語のほうが、一般的によく使われる日本語より地政学用語として規定された概念を表現するには適しています。

例えば、「アクター」は主体性のある国のことで、国家としての意思や能力のない国はアクターではありません。「関係国」という言葉は普段から使っている一般的な単語なので、漠然と「関係している国全部」と考えがちですが、「アクター」と言うことによって、その混用が避けられます。

アクターの中でも大国をパワーと言い、パワーの複数形のパワーズは列強です。パワー（大国）は、その国の言うことを聞かないと話がまとまらない国です。現在、世界で最も強い国はアメリカ、ついで中国。3位がロシア、さらに、形式的にはイギリスとフランスが大国ということになっています。

ちなみに、この五大国の共通点は第二次世界大戦の戦勝国で、国連常任理事国で、核保有国であるということ。イギリスとフランスの力が急速に落ちてきたので、EU（ヨーロッパ連合）などを作り、実質的にはヨーロッパとしてひとつにまとまって、ロシアにつぐ4位をかろうじて占めています。

ヘゲモン（覇権国）はパワーズの中でも最強の国。現在ならアメリカです。チャレンジャー（挑戦国）はパワーズの中でヘゲモニー（覇権）を奪おうとしている国。たいていはナンバー・ツーの国です。かつてのソ連、現在の中国がこれに相当します。

他の大国・小国はヘゲモン陣営とチャレンジャー陣営に分かれます。どちらにつくのか、どちらにもつかないのか（中立）は、ふつうは地理的条件やバランス・オブ・パワー（勢力均衡《きんこう》）次第です。

## 日本でタブー視されてきた地政学

第二次世界大戦後の米ソ冷戦時代には、〈アメリカと西ヨーロッパや日本をはじめとする自由主義諸国〉対〈ソ連と東ヨーロッパなどの社会主義諸国〉という構図でしたが、1991年にソ連は崩壊し、旧ソ連を構成していた「共和国」が各地で独立していきました。今では、かつて社会主義圏であった東欧の大部分、ポーランド、チェコ、スロバキア、ハンガリー、ルーマニア、ブルガリア、アルバニア、スロベニア、クロアチア、モンテネグロと、さらに旧ソ連のバルト三国がＮＡＴＯ（北大西洋条約機構）に加盟しています。

ソ連の核をなしていたロシアは現在もパワーのひとつではありますが、その政治・軍事力は弱まっています。そのため、冷戦後は、アメリカ一強時代とも言われていました。しかし、アメリカもまた弱体化が進む中、中国が経済力とともに軍事力を増してきました。今では米・露・中・欧のパワーズが四つ巴《どもえ》となり、その他が周囲を取り巻いています。

国々の関係は固定的なものではなく、イシュー（争点）により変化します。日本とアメリカは軍事的には同盟国です。しかし、経済的にはライバルであり、1980年代のように「貿易戦争」が起こることもあります。また、捕鯨に関しては捕鯨国と反捕鯨国として真っ向から対立します。では、軍事問題と経済問題、どちらが重要か。地政学は軍事問題だと考えます。いくらお金を持っていても、殺されては何にもならないからです。むしろ、自分の身を自分で守れない国など、カツアゲされる対象でしかありません。

日本はロシアよりもお金持ちの国ですが、日本をロシアよりも大国だと見做《みな》す国はありません。ロシアと違って、日本には軍事力が無いからです。このように、「軍事」が関わるものですから、戦後の日本ではタブー視されてきました。

地政学については小著『世界一わかりやすい地政学の本』（ヒカルランド、2016

年）の「はじめに」で「ドラえもん」のキャラクターを使って説明しました。また同書の第一章から第六章までは、その地政学を上手に使いこなした例や、逆に地政学の理解がなくて国の舵取《かじと》りを誤った例を豊富に挙げていますので、そちらも参考にしてみてください。

### ウクライナ問題は他人事ではない

さて、最近の実例で、世界の力関係を見てみましょう。

ロシアは、旧ソ連がバラバラになって弱くなったとはいえ、いまだにヨーロッパが束《たば》になってもかなわない程度には強い。ただ、昔のソ連のようにアメリカとヨーロッパの双方を敵に回して互角に対抗できるほど強くはありません。ロシアの実力のほどがよくわかる例がウクライナ問題の経過です。

２０１３年、ウクライナでは親露派のヤヌコビッチが政権を担っていましたが、親欧米派などによる反政府運動が起こりました。ヤヌコビッチは行方不明となり、２０１４年に入ると新政権が誕生。親露派政権は倒壊しました。その後も政府側（親欧米）と反政府側（親露派）の対立は続き、事実上の戦争状態にあります。

２０１４年にロシアはクリミア半島に侵攻しました。そして、ウクライナ領のクリミア自治共和国とセバストポリ市をクリミア共和国として独立させ、住民投票を行ってロシア連邦に編入しました。

クリミアは黒海北部に突き出ている半島で、もともとはトルコ系ムスリムのクリミア・ハン国があったところですが、18世紀末にロシア帝国が併合し、帝政ロシア末期にはロシア人の占める割合が多い地域となっていました。

ソ連時代、フルシチョフがクリミアをロシアからウクライナに移管しますが、当時は同じソ連邦内だったので、問題になりませんでした。ソ連崩壊後もウクライナが親ソ路線をとっている限り争点になることはなかったのですが、ウクライナが西側への接近を試みると、ロシアが反発します。クリミア半島には黒海艦隊の基地があり、ロシアとしては死活問題です。

そんな重要な拠点ですからロシアは強引に取り戻しましたが、ウクライナや欧米をはじめとする諸外国にクリミア共和国をロシア領として認めさせるまでには至っていません。

こうした話を聞いても、遠い外国の話と思うかもしれません。たいていの日本人なら、戦争を遠い世界の出来事と思うでしょう。でも、これは「隣国の隣国」で起こった出来事です。日本とウクライナは「隣国の隣国」なのです。そのウクライナが軍事力で領土を奪われた。しかも、奪ったのはロシア、日本の隣国です。地政学を学べば、ウクライナ問題が遠い世界の他人事ではないと、おわかりでしょう。

## 国家は個人の嗜好では動かない

では、当の隣国ロシアがいる日本周辺の状態を、地政学で考えてみましょう。

東アジア・太平洋地域におけるパワーは誰でしょうか。アメリカ、中国、ロシアです。北朝鮮や韓国、台湾は基本的にその他大勢です。ただし、北朝鮮は核兵器を持ち、パワーになりたがっています。逆に北朝鮮にすり寄る韓国は自らパワーへの道どころかアクターの立場すら捨てています。

日本はどうなのでしょう？　今のままでは、パワーではもちろんないし、アクターですらありません。台湾もパワーを持ちたくても実力がありません。北朝鮮のように一目散に核武装でもするなら話は別です。ただし北朝鮮はその代償として世界中を敵に回し、100万人の国民を餓死させましたが、台湾にはその度胸はありません。そんな度胸が必要かどうかは別として。ましてや日本には。

残念ながら我が日本は、韓国や台湾と同様に、その他大勢にしか過ぎません。

敵対関係の構図としては、現在、パワー同士では米中の対立が鮮明化しています。その他大勢は、北朝鮮が中国側で、日本・台湾は米国側。韓国もいちおう今のところは米国側です。

ところで、パワーの一つであるロシアはどちら側でしょうか。

ロシアについて、こと中国問題に関してはときどき日本の味方であるかのような報道がなされ、多くの人が混乱しているようです。プーチンが親日家であるとか、その根拠として「秋田犬を飼っている」とか、「柔道が好きだ」とか言われているのですが、そんなことは関係ありません。国家は個人の嗜好《しこう》で動いたりはしません。独裁国家では絶対にそれがないとは言えませんが、プーチンがよほど愚かでない限り、好き嫌いで国を左右したりすることはありえません。

## 日本の味方は誰なのか

ここで、ロシアの立場に立って考えてみましょう。

ヨーロッパ方面では、大国間の大きな枠組みとしてロシアvs米欧があります。ウクライナ問題などでヨーロッパ（EU）とロシアが対立しているときに、アメリカがEUを見捨ててロシアと組むなどということはありえません。アメリカとヨーロッパは、NATOという軍事同盟を結んでいるのですから。そのアメリカに対抗するために、ロシアは中国と組む必要があるのです。

そういう状況下でロシアが中国に対抗してできることはしれています。例えば、中国の中にも習近平派と反習近平派があり、ロシアはそれぞれの派閥と個別に連絡を取り合って駆け引きに使うなど、ときどき条件闘争をします。しかし、決定的な対立は避けます。なんといっても、中国とロシアは上海協力機構という軍事同盟を結んでいるのです。この動かしようもない事実を忘れてはいけません。

もちろん、同盟は永遠ではありません。しかし、同盟を裏切り、昨日までの敵と手を組むというのは、とてつもないことです。商売でも、昨日までのお得意さんを切り捨てライバルと組む、なんて大変なことです。いわんや国と国の関係をや。米露が組むなど、その兆候すらありません。

世界は、米欧vs中露の対立で動いているのです。これが現代世界のバランス・オブ・パワーです。日本はアメリカ陣営の一員なのです。

パワー（大国）がどのように敵・味方に分かれているか、そして、日本の味方は誰なのか、簡単なようで、意外とわかっていない人が多いので強調しておきます。

敵と味方を間違えないようにしましょう。

## その国の価値観を見極めよ

敵と味方を間違えないために大事なことは損得勘定だけではありません。「人を殺してはいけないという価値観が通じるか否か」も、重要な基準です。

日本をめぐるパワーには米・中・露、その他大勢には北朝鮮と韓国、台湾があるわけですが、人命に対する扱いは国によって大違いです。

「人を殺してはいけませんよね」という質問に「当たり前でしょ。ダメに決まっています」と答えるのが文明人です。これに対して、トランプ・習近平・プーチンは、それぞれどう答えるか。

トランプ「当たり前だろ！」

習近平「どうして？　自分が殺されないのなら殺してもいいだろ」

プーチン「どうして？　というか、逆らう奴は、もう殺しているよ」

もちろん実際に本人たちがこのように発言したわけではありませんが、行われていることを見るとそういう感じです。

殺人事件は世界中のどこでもありますが、アメリカでは人殺しは少なくとも建前としては犯罪です。国の指導者が国民を殺した疑いが濃いにもかかわらず平然と統治し続けるということはないわけです。疑いを晴らすことができなければ失脚し、最悪の場合は有罪となります。

ところが、中・露に関しては、それが怪しい。

中国におけるチベット民族やウイグル民族への抑圧は日本でもよく耳にするところですが、少数民族でなくても都合の悪い人物が行方不明になったり、投獄されたりすることはザラにあります。不正を追及する人権派弁護士や活動家、権力批判を行う作家らが拘束・連行され、拷問《ごうもん》に遭《あ》っています。

ロシアでは、なぜかプーチンの政敵が病気や事故で死んでいきます。アレクサンドル・レベジもその一人で、２００２年にヘリコプターの墜落事故により死亡しています。レベジは当時、クラスノヤルスク州知事でした。

そのほか２００６年に自宅アパートのエレベーター内で射殺されたジャーナリスト、アンナ・ポリトコフスカヤの事件は世界的に有名です。彼女が勤務していた『ノーバヤ・ガゼータ』はプーチンに批判的な数少ない新聞で、ポリトコフスカヤ以外にも、記者や顧問弁護士が殺害されています。

国外にいても執念深く付け狙われて殺される人もいます。ソ連国家保安委員会（KGB）、および、その後継組織であるロシア連邦保安庁（FSB）の元職員であったアレクサンドル・リトヴィネンコが亡命先のイギリスで放射性物質ポロニウムによって毒殺されたのはポリトコフスカヤ射殺と同じ２００６年でした。そして、２０１３年にはロシアの政商ボリス・ベレゾフスキーが同じく亡命先ロンドン郊外の自宅で謎の死を遂げています。最近でも、２０１８年３月にイギリス在住のロシアの元スパイ、セルゲイ・スクリパリとその娘に対する毒殺未遂が英露間の外交問題となりました。

社会主義時代は当局による弾圧が明らかでしたが、民主主義の体《てい》を装っている現代ロシアでは、自然死や事故死などに見せかけて、権力が関わっていないかのように巧妙に殺されるケースが増えています。射殺など「明らかな殺人」でも、真相が究明されることはほとんどありません。犯人が逮捕されたとしても、被害者本人が招いたトラブルだとして片付けられます。

地方での事件も含めた数々の暗殺にすべてプーチンが関与しているとは思いませんが、ロシア政府は公正な事件処理や裁判を守ろうとせず、殺《や》ったもの勝ちの状態を捨て置いている、この事実がすでに大問題です。こういう事実は、福田ますみ『暗殺国家ロシア』（新潮文庫、２０１３年）やアルカディ・ワクスベルク『毒殺　暗殺国家ロシアの真実』（柏書房、2014年）をご参照ください。

## 文明国かどうかの分水嶺

日本で安倍首相に批判的な知事が謎の怪死、しかも暗殺の疑いが濃厚、などということはありえません。いかなる安倍批判者であっても、安倍首相がそんなことをするとは思わないでしょう。常識です。トランプも同じです。

ところがその常識が通じないのがプーチンや習近平です。

これが北朝鮮に行くと、もっとひどい。

2013年12月8日、若い金正恩の後見役ともみなされていた叔父（父・金正日の妹の夫）にあたる張成沢が突然すべての役職から解任され、12日には死刑判決が下り、その日に処刑されました。しかも、処刑に用いられたのは本来は飛行機などを撃墜するために用いられる高射砲。遺体は肉片になり原形をとどめなかったといいます。このグロテスクな話を詳しく知りたい方は、五味洋治『金正恩　狂気と孤独の独裁者のすべて』（文藝春秋、2018年）43頁をどうぞ。

また、北朝鮮には今も強制収容所が存在し、ひどい拷問や虐待を受けながら死んでいく人々がいます。その強制収容所では、遺体を犬の餌にしているというウワサもあります（http://news.livedoor.com/article/detail/13662935/）。

このように北朝鮮では無意味な残虐行為が行われていて、人を殺す殺さない以前に「人を殺して死体を犬に食わしてはいけません」というレベルから入らないといけない惨状です。

「人を殺していいかどうか」は極端ですが、ここで読者のみなさんに、わかりやすく質問をします。

「ワシントンＤＣと北京とモスクワと平壌、どこに一番行きたいですか？　どこに一番行きたくないですか？」

どう考えても一番行きたくないのは平壌、ついで北京、そしてモスクワでしょう。

北朝鮮は日本から人を拉致《らち》して返さない国です。そんな国に好き好んで誰が行くでしょうか。

中国では、２０１０年９月末に準大手ゼネコン「フジタ」の社員四人が河北省で拘束されました。同月初旬に尖閣《せんかく》諸島沖で中国漁船が海上保安庁の警告にもかかわらず違法操業を続けた上、巡視船に衝突、船長が逮捕されるという事件があり、これに関連しての外交圧力です。

最近でも長期拘束される日本人は年々増えているそうです（ニューズウィーク日本版

２０１８年5月28日 https://www.newsweekjapan.jp/stories/world/2018/05/21-17.php)。

ロシアでは、日本人がいきなり拘束される事件は表に出ていないようですが、不都合なジャーナリストなどが次々と死んでいく国ですから、邪魔者と判断されれば何が起こるかわかりません。

こう比較すると、質問の四択でワシントンＤＣが一番嫌だという人はまずいないでしょう。アメリカにも、いろいろ問題はあるのですが、中露に比べたらはるかにマシな国です。「人を殺してはいけない」この価値観を共有できるかどうかが、文明国かどうか、近代社会かどうかの分水嶺《ぶんすいれい》です。

トランプは挑発的な物言いなどが物議をかもし、お世辞にも上品とは言えない人物ですが、習近平やプーチン、金正恩のように「人は殺してはいけません」に対して「どうして？」と応対する人たちとは明らかに一線を画しています。アメリカは、なんだかんだ言ってもこの価値観を共有できる国です。

敵味方を論ずるというと難しい話かもしれませんが、そういう時こそ当たり前の感覚や常識が大事なのです。

## 米朝会談、日本は蚊帳の外？

国際政治を考える上で、もうひとつ重要なポイントがあります。日頃の付き合いはすべてカモフラージュ。敵と味方はいざというときにわかる！　です。

例えば、２０１８年６月に米朝会談が行われました。このときの北朝鮮、普段はさんざん習近平に逆らっていながら、米朝会談が近づいてくると、足しげく北京を訪問しました。米朝会談が終わった後にもまた北京詣《もう》でという念の入れようです。結局、中国を頼りにしているのです。つまり、誰が敵で、誰が味方なのか、また国同士の上下関係もわかってしまうのが「いざというとき」なのです。

その米朝会談の直後、「日本は蚊帳《かや》の外だった」とか、「いや、蚊帳の外ではなかった」などと言われていました。前者は大多数のマスメディア、後者は保守系メディアによる論調でしたが、それに関して答えは簡単。

「蚊帳の外」ではありませんが、あえて言うなら、「日本そのものが蚊帳」です。壁になるほど強くない。せいぜいのところが蚊帳。

だから、「蚊帳の外ではなかった」ことを喜ばないでください。日本はアクター（関係国）ではなくシアター（場）にすぎないということなのですから。逆にアクターであってはじめて、蚊帳の外に追い出されるのです。
日本はたしかに先進国の一員で、サミット参加国です。世界における日本の存在は大きいと言えるでしょう。しかし、大きなシアター、重要なシアターではあっても、アクターではありえません。
その理由、もっとも納得してもらいやすい説明は、おそらく次の文章だと思うので、小著『誰が殺した 日本国憲法！』（講談社、２０１１年）から再録します。

条文一
A国及B国は、締約国の一方の領土及治安に対する一切の脅威は、同時に締約国の他方の安寧及存立に対する脅威たるの事実を確認し、両国共同して国家の防衛に当るべきことを約す。之が為、所要のA軍はB国内に駐屯するものとす。

条文二
B国は今後の国防及び治安維持をA国に委託し、其の所要経費は総てB国に於て負担す。

A国の軍隊がB国を守るためにB国に駐留する。B国は防衛をA国に丸投げする代わりに経費を負担するという内容です。

これは何の条文でしょうか？　日米安保条約？

違います。

条文一は日満議定書第二条、条文二は関東軍司令官宛満洲国執政附属書簡第一条。つまり、A国は大日本帝国、B国は満洲国です。

かつて満洲国は日本の傀儡《かいらい》国家として存在しました。今や日本がアメリカの傀儡国家なのです。昔の大日本帝国と満洲国の関係、それはまさに現在のアメリカと日本の関係そのものだということがおわかりいただけると思います。大日本帝国にとって満洲は大事な土地でしたが、満洲国の意思など聞く耳を持ちませんでした。自分の国を自分の力（言うまでもなく軍事力）で守る気がなかったからです。アメリカにとって、今の日本も同じなのです。

どんな経済大国になろうが、日本の国際的な立場は「すさまじく発展した満洲国」にすぎません。アクターかシアターかは、行動する（できる）国かどうかであって、経済規模が決めるものではありません。国際政治的な意味で、満洲国がアクターでないと同様に現代日本もアクターではありえないわけです。

## トランプ大統領誕生の意味

先に「日本が蚊帳である」と言いました。その意味するところは、否定的には前述のようにアクターではないということですが、ささやかながら「肯定的」に捉えることもできます。すなわち、安倍晋三はトランプ内閣の外務大臣であると。

日本の主要メディアはトランプのことを破天荒な人物として捉えていますが、実は、選挙で掲げた公約を守っているに過ぎません。国際情勢アナリストの渡瀬裕哉氏によると、「事情を知らない有識者らには、トランプはアンコントローラブルな何をしでかすかわからない大統領に見えたかもしれないが、2017年1月〜12月までのあいだにトランプが実際に実行してきたことの大半は保守派の意向をそのまま政策に反映したものとなっている」そうです（渡瀬裕哉『日本人の知らないトランプ再選のシナリオ　奇妙な権力基盤を読み解く』産学社、2018年、56頁）。「事情を知らない有識者」とは、一見すると語義矛盾ですが、いっそう皮肉が利いています。

渡瀬氏はまた、トランプ大統領の誕生とは、民主党から共和党への政権交代であると同時に、共和党主流派から共和党保守派への政権交代という「二重の政権交代」を実現した出来事であると述べています（前掲書、40頁）。

アメリカの二大政党は共和党と民主党ですが、共和党が保守で、民主党がリベラルというほど単純にはいきません。とくに共和党は主流派と保守派の二派に分かれていて、このふたつの違いは大きい。近年の共和党大統領候補はブッシュ親子、ロムニー、マケインなど、みな主流派です。彼らは民主党に妥協的で、保守派からは「名ばかりの共和党員」と呼ばれています。いわゆる「エスタブリッシュメント」もこの人たちです。

トランプはこれまでの民主党や共和党主流派の「リベラル」政策に反発する層から固い支持を受けて誕生したのです。そして、立法・行政・司法の三権が厳然と分立しているアメリカでは、大統領は議会の支持を受けないと何もできません。その議会でトランプを支えているのも共和党保守派です。

つまり、トランプは共和党保守派の政策を公約にかかげ、それを実行しているので、選挙前公約と共和党保守派の動きに注目しておけば、トランプ大統領の言動は読めるのです。

前職のオバマ大統領は、対外政策に関して、よく言えば〈穏健〉、悪く言えば〈無関心〉でした。2013年9月には「アメリカはもはや世界の警察官ではない」と演説。その政策は「アメリカ封じ込め」とすら言われました。事実、その後、軍事費を大幅に削減していきます（江崎道朗『マスコミが報じないトランプ台頭の秘密』青林堂、20

16年、19頁)。

またオバマは極端な左派政策をとり、トランスジェンダーの生徒・学生に自らが認識する性別に基づいたトイレや更衣室の使用を許可するよう求めたりしました。テキサスのアボット州知事はこれを「ケネディはmanを月へ送った。オバマはmanを女子トイレへ送ろうとしている」と揶揄しました。

こうした平等政策や、ポリティカル・コレクトネス(政治的に正しい言葉遣い)の美名のもとに伝統的な価値観を壊していくオバマ民主党の行き過ぎた動きに真っ向から反対したのがトランプでした。近年、アメリカではキリスト教色のある「メリークリスマス」ではなく「ハッピー・ホリディ」が使われる傾向にあったのですが、トランプは、大統領当選を果たした2016年の冬(大統領就任は翌年1月)、「メリークリスマスと言えるアメリカにしよう」と唱え、話題を集めました。

## トランプの心の友は二人だけ

国際政治に話を戻します。オバマの無関心政策には反対のトランプですが、対外膨張主義者ではありません。アメリカは強い国であるべきだけれども、武力介入はアメリカの国益にかなう場合に限る、と至極《しごく》まっとうな考え方です。

これまで第二次世界大戦の勝者として調子にのって儲けていた軍産複合体の秩序をトランプはひっくり返そうとしているのです。

アメリカは（第二次世界大戦以降）、世界中に軍隊を派遣して、アメリカの若者の血を流してきました。世界中の民族紛争に関わり、当然、世界中から恨みを買います。

一方、古き良きアメリカの中間層が衰え貧窮し、ウォール街の一部の中国と利害をともにするような人々だけが肥え太っている。これはおかしいじゃないかというわけです。アメリカを根本から立て直そう。そのためには、内政ではオバマの急進的リベラル政策を排除しつつ、景気をよくして中間層を助け、国力をつけた上で、もう一回アメリカを世界の偉大なリーダーにしよう。

これが、トランプ大統領の唱えるアメリカ・ファーストなのです。

しかし、そんなことをしようとすると、第二次世界大戦後の秩序の上に乗っかっている世界の指導者たちを敵に回してしまいます。それで、世界中から嫌われていて、トランプの心の友は二人しかいません。一人はイスラエルのネタニヤフです。イスラエルは生き残るためにトランプを味方につけたいのです。そして、もう一人が日本の安倍首相です。インド以東ハワイまでの国々で比較すると、トランプが一番信頼できるのは、実際に、安倍さんです。

インド以東のアジア諸国はどんな国々でしょうか。

インドは核武装国で味方にすれば頼りになるはずですが、冷戦時代には親ソ連の国でした。逆にアメリカは今でも、インドと敵対するパキスタンと軍事同盟を結んでいます。1998年にインドが核実験を行った際にもアメリカは経済制裁を科し、インド人の怒りを買いました。このような歴史的経緯からいってもインドとアメリカは相互に信用できる関係とは言えません。

ところで、各国の世界地図は自国を中心にしていて、アメリカの世界地図も中心は当然アメリカです。すると、両端が南アジア、つまりインドやパキスタン、になります。だから、ただでさえ国際政治オンチのアメリカ人にとって、南アジアは一番わからない地域なのです。そのせいかアメリカには、反インドの人々が多いのです。

一方、インドネシアやフィリピン、ベトナムなどの東南アジア諸国は中国の脅威に悩まされています。特に中国はここ数年、南シナ海南部の南沙諸島に埋め立てによる人工島を造り軍事施設の建設を始めています。ここはフィリピン、ベトナム、マレーシア、ブルネイ、中国、台湾が領有権を主張している場所で、現在、中国が強引に実効支配を進めているのです。自国領土の目前にある島々をかすめ取られ、基地まで作られてしまったのですから、東南アジアは反中勢力としてのアメリカをとても頼りにしています。

その意味で親米ではあるけれども、アメリカから見ると頼られるだけで、頼りにはならない国々です。というのも、東南アジアの国々と中国とは南沙諸島で対立しているとはいえ、経済的には貿易・投資・援助などによる緊密化が進んでいます。基本的に、彼らは中国に首根っこを抑えられているのです。

そして、なにかと北にすり寄る韓国はアメリカからしたら信用ならない上に、力にもならない。文在寅は２０１７年に大統領に就任すると早々に「南北交流の再開」を打ち出しています。２０１８年２月開催の平昌オリンピックには北朝鮮代表団を迎え入れ、同年4月には11年ぶりの南北首脳会談を行いました。北朝鮮のミサイル実験や核開発の脅威に関しては何も解決していないにもかかわらずです。さらに、日本人よりもはるかに多くの韓国人が北朝鮮に拉致されていますが、韓国内では北を刺激するとして拉致問題は大きく扱われません。もっとも、これは文在寅政権に始まったことではありませんが。

頼りになるけど信用ならないインド、信用できるけど頼りにならない東南アジア、頼りにならない上に信用もできない韓国……こうして並べてみると、日本が一番マシになってしまいます。

韓国が壁どころか蚊帳にもならないので、アメリカにとっては「日本そのものが蚊帳」なのです。日本が蚊帳の外ではない、情けない理由です。

## 安倍首相はトランプの外務大臣

その中にあって安倍さんは、トランプ大統領と仲が悪い世界の他の指導者たち、インドやASEAN（東南アジア諸国連合）などとの間をとりもってあげています。本来アメリカ外交を担うはずの国務省は第二次世界大戦後の秩序そのもの、アメリカ版戦後レジームを守るのが使命という役所なので、トランプは国務省にサボタージュされています。それで、安倍さんがトランプ内閣の外務大臣として各国首脳との間を仲介してあげる意味がある。

愛想よく振る舞い、「オレって世渡り上手だぜ」と得意になっている安倍さんですが、それだけで果たして十分なのでしょうか。

2018年4月、トランプがシリアを攻撃するというとき、イギリスとフランスは従いました。イギリス・フランスは普段どんなにトランプの悪口を言っていても、いざシリア攻撃となるとついていきました。つまり、日頃の付き合いはすべてカモフラージュで、米英仏は確固とした同盟国であるという証です。同じNATO主要国でも、ドイツは攻撃に参加していません。その意味で、ドイツはやはり一つズレる感じがあります。

フランスは二代目ブッシュのときよりも、むしろ親米になっています。ブッシュ・ジュニアの時代には、サダム・フセイン率いるイラクにボコボコ空爆していましたが、従ったのはイギリスだけでした。むしろ、当時のフランスはドイツと共にイラク戦争にも反対していました。

いざというときは突然やってきます。似たようなことが我が国の周辺で起こったら？あるいは、もうすでに起こっているのでは？　北朝鮮は日本人を拉致して返さない。本来は、これだけで十分戦争の原因になりえる状況です。

だったら、日本が自力で軍事力をつけて中露北に対する「壁」の役割を買って出れば、アメリカは頼りにしてくれるのではないか。

ところが日本は壁になることを放棄しています。安倍首相その人が。

現在の日米が協調関係にあることは確かです。しかし、やるべきことをまじめにやらないでいたら、その協調も表面的な関係に終わるでしょう。

トランプは就任前は、日本に核武装も含めて自主防衛を認める発言をしていました。「今のアメリカは昔ほど豊かではないから、日本など金持ち国を応援する余裕がない。今まではアメリカが日本を鎖でつなぐようなことをしていた。しかし、日本が独り立ちするつもりがあるのなら、その鎖を取りはずそう。アジア太平洋の対等の共同経営者になろう。核兵器もアメリカに向けなければ保持してよし。自分の身は自分で守れ。具体的には、せめて防衛費GDP2%ぐらいは負担してくれ」と。もちろん、これもアメリカの国益を考えた上でのことです。

## 安倍信者は何を期待しているのか

左記のグラフは日本の防衛費の推移です。第二次安倍政権発足後は増えていますが、それは景気がやや回復しているからで、GDP1%以内であることには変わりがありません。

GDP2%とは、その程度までの防衛費なら経済に負担がかからないという、その意味での確実性を十分に考慮に入れた数字です。シンガポールなど3%を超えていますが、経済的に発展しています。

トランプは前述のような文脈の中で、最後に、「その程度すらも負担できないと言うのなら、在日米軍基地の経費を100%負担しろ」と言ったのですが、日本では最後だけが切り取られて報道されました。

安倍さんはトランプが大統領に正式就任する前からアメリカに赴《おもむ》きました。しかし、帰国後のNHKでのインタビューでは、さも自分の手柄であるかのように「自主防

## 日本の防衛費の推移

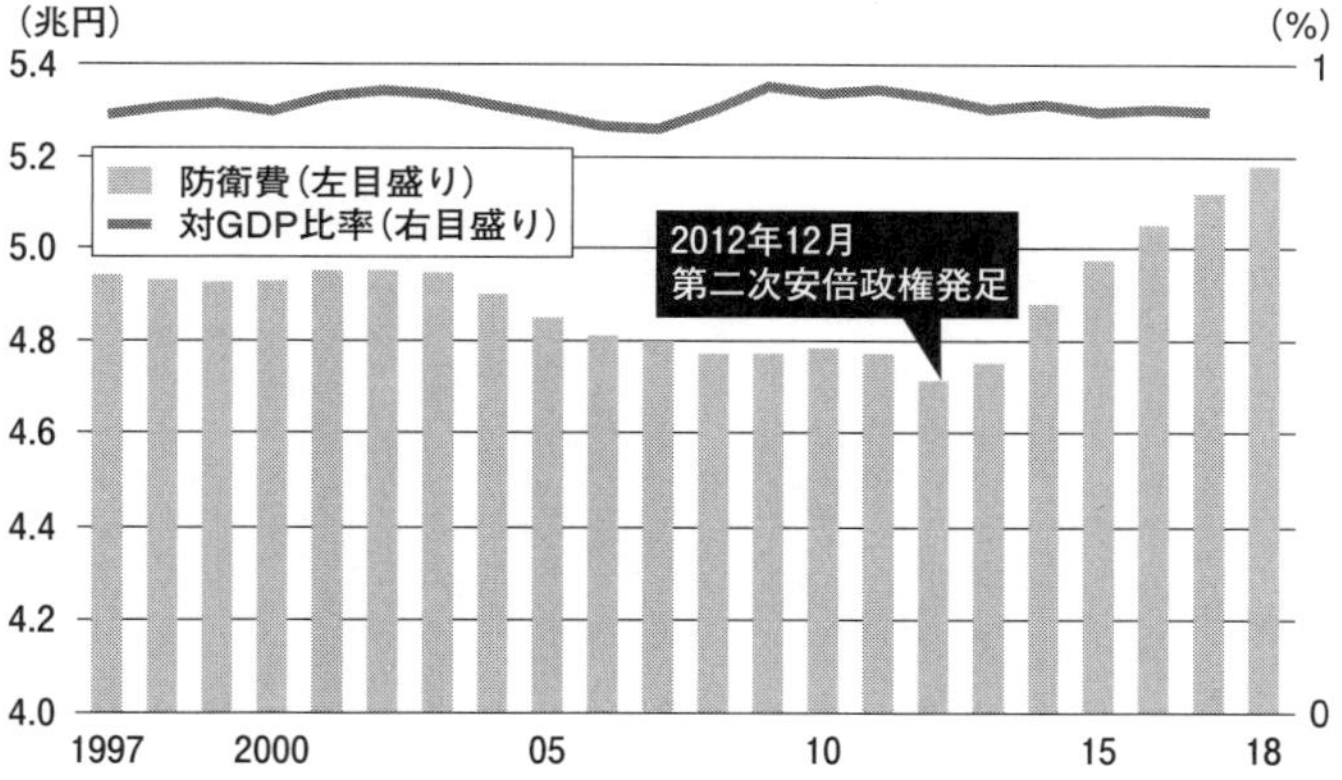


出典：nippon.com（「日本の防衛費の推移：対GDP比１％枠を強く意識」2018/5/18）

衛と核武装の話はなかったものになったと思います」と答えていました。安倍さんは、戦後レジームの脱却などと大風呂敷を広げていますが、言っていることとやっていることが一貫していません。

安倍政権が民主党（→民進党→立憲民主党）よりはマシというのは、確かにそうかもしれません。しかし、日本をどうしたいのか。この意味で、安倍応援団の人々は何を期待しているのでしょうか。彼らは安倍首相の言動が意味するものを理解し、それでもなお応援しているのでしょうか。わけもわからないままに何となく従っていく、「安倍信者」にしか見えないのですが。

安倍さんは、トランプと日頃の付き合

いを十分にうまくやっているから大丈夫だと思っているフシがあります。むしろ、いざというときに行動しないために日頃のつきあいをマメマメしくしているようにすら見えます。

しかし、もう一度言います。国際社会において日頃の付き合いはすべてカモフラージュです。敵と味方はいざというときにわかるのです。いざというときの行動が大事なのであって、それがきちんとできなければ、普段の付き合いなど何の意味もありません。敵味方を間違えないことも重要ですが、敵と味方に対する対処方法も間違えてはいけません。中国に甘くトランプに冷たい今の日本、敵に塩を送り、味方に仇《あだ》なすような行動をとってはいないでしょうか。

## 第二次朝鮮戦争、誰がやりたい？

いざというときにもいろいろありますが、そのうち最も過激なものが戦争でしょう。

ただ、「近々、第二次朝鮮戦争が起こる」と主張している人々がいますが、本当に起こりうるのでしょうか。結論から言いますと、合理的に考えたら可能性としては低いです。

まず、敵と味方の戦力比について考えてみます。東アジアでは、アメリカ・日本・韓国に対して、中・露・北朝鮮という同盟が成立しています。

**アメリカ・日本・韓国**

vs

**中国・ロシア・北朝鮮**

一見、三対三で互角のように見えるかもしれませんが、米・中・露がパワーズですから、パワーズだけなら一対二で、アメリカ・日本側が不利です。

「いやいや、日本は強いよ。北朝鮮なんかよりよっぽど大きな戦力だし、日米が組めば十分に中露に対抗できるよ」

本当にそうでしょうか？

ここで軍事オタク（略して、軍オタ）の皆さんなら細かく兵力を分析するのでしょうが、誰でもできるざっくりとした計算をします。

まず、パワーを1とします。

敵である中露側の「その他」は核兵器を持つ北朝鮮を0・5とします。それで相手側は合計2・5になりました。

味方側では、韓国が0・25ぐらいですが、親北朝鮮の文在寅が大統領ですから、ひょっとしたら向こう側についてしまうかもしれないという状況では、本当に味方なのかよくわかりません。韓国が寝返ると敵は2・75になります。

日本はといえば、アメリカから見た信頼性は抜群ですが、戦力としては韓国よりはマシな程度で0・3ぐらい。

つまり、こちら側はアメリカと日本を合わせて1・3(韓国を入れるなら1・55)。それで中・露・北朝鮮プラス韓国の2・75(韓国を除くなら2・5)を相手にしなければならないのです。「米朝開戦」を主張する人は、アメリカ側が勝つことを前提にしているようですが、彼らは、この戦力差をどう考えているのでしょうか。

もちろん、これはざっくりとした計算で、専門的には詳細な分析が必要です。実は私、個人的趣味で計算したことがあるのですが、あまり結果は変わりませんでしたので省略します。

結論としては、「今のアメリカには第二次朝鮮戦争を起こす能力はない」です。少なくとも、中露両国が北朝鮮の後ろ盾でいる限りは。これが嘘ではないことは、金正恩の行動を見ればわかるでしょう。米朝会談の前、金正恩は習近平に逆らうことばかりしていました。その最たる例が、習近平べったりだった叔父の張成沢を殺したことです。ところが、トランプに会う前は何度も出向いてご機嫌を取る、会談後も報告に行く。そしてプーチンともしっかり手を握る。中露両国が後ろ盾でいる限り、アメリカは怖くないからです。

以上、軍オタになって細かく軍事知識を仕入れなくても、「第二次朝鮮戦争が現実的か」ということは見えてくるのです。

## アメリカは北と戦争できない

次に、各国の立場に身をおいて考えてみます。

戦争をするかどうかは、普通は強い方（勝ち目があると考える方）が決めます。アメリカvs北朝鮮、この二国が対決するだけならアメリカが強いでしょう。しかし、ひとたびアメリカが攻撃したら、第一次朝鮮戦争のように中国が出てくる可能性は十分に考えられます。そのリスクを犯してまでアメリカが今、北朝鮮を空爆したいでしょうか。ましてや地上軍を投入したいでしょうか。

かつてアイゼンハワー大統領（任期１９５３〜61年）の時代には「二と二分の一正面戦略」を取っていました。すなわち、世界大戦レベルの戦争二つと小規模紛争一つを同時に行える国力があったのです。

それが今は「二と二分の一正面戦略」など夢のまた夢。世界大戦級の戦争など、一つでもできません。「二分の一戦略」、すなわち小規模紛争一つがせいぜいでしょう。アメリカは戦争ばかりやっている印象があるかもしれませんが、大国相手の戦争は朝鮮戦争が最後です。

東西冷戦は、結局、アメリカが勝ちましたが、このときはヨーロッパが味方でした。西ヨーロッパは文句なくアメリカ側でしたし、東ヨーロッパもソ連離れが加速していました。実際に武器をとっての戦闘はなく、西側の団結が１９９１年のソ連崩壊を招きました。

その後のアメリカはユーゴスラビアやイラクなどの小国相手にしか戦っていません。この辺の国々は中国やロシアとは国境を接しておらず、陸続きの大国が応援に来ることはありません。それに核兵器を持っていません。そこが北朝鮮とは大きく違うところです。

ところが、今の世界はどうでしょう？　第二次朝鮮戦争が起こったとして、ヨーロッパが味方についてくれるでしょうか。ヨーロッパどころか、絶対に味方にしておかなければならない最前線の韓国では、前述のように金正恩に尾をふる形での融和を図る文在寅が大統領になっています。アメリカが北朝鮮と戦争するというときに協力するでしょうか。

まして、韓国が北の勢力圏に入ってしまったら目も当てられません。その場合、状況を挽回《ばんかい》するためには日本列島を使わなければならなくなります。日本はそのときどう行動するでしょうか。寝返らないという意味での信頼性はありますが、「我が国は憲法九条があって平和主義を守るので、アメリカさんが北朝鮮と戦争をするなら中立を守ります」などと言い出しかねません。

## 中・露・北朝鮮の思惑

ところで、日本には「中立」を無条件にいいことのように考えている人が多いですが、違います。「中立」とはどちらの味方でもない、はっきり言えば、両方の敵であるということです。同盟国のアメリカが戦おうというときに戦わない、つまり「中立」になるということは利敵行為ですから、アメリカから敵とみなされても仕方がありません。しかも、自分で戦おうとしないくせに、「アメリカさん、拉致被害者を取り返してきてください」と、自国民の保護をアメリカに頼んだりする。そんな虫のいい国が日本です。

このような状況で、アメリカが、わざわざ世界大戦のリスクを負って戦うという決定を下すでしょうか。

中国に視点を移すと、こちらもアメリカとの戦争を望んでいるわけではありません。

「金正恩は生意気だけれども、北朝鮮がアメリカに取られるのは嫌だ」というのが本音でしょう。アメリカが攻撃してこなければ、中国から韓国に攻め込むことは考えにくい。

中国の兵法といえば「孫子」が有名ですが、あれは謀略マニュアルです。「戦わずして勝つ」、つまり、卑怯《ひきょう》な手でも何でも使って、できるかぎり楽して勝とうという趣旨の書です。

アメリカの戦略家エドワード・ルトワックは、「孫子の兵法」は紀元前403～前221年の「戦国時代」という同一文化内で抗争が展開されている状況では意味があるが、異文化の相手には通用しないと述べています（『自滅する中国』芙蓉書房出版、2013年、第九章「戦略における古代の愚かな知恵」）。実際に隋、唐、元、清は漢民族以外の王朝ですし、漢民族王朝の宋や明は常に北方から脅《おびや》かされながら存続しているありさまでした。

中国（漢民族）は自称五千年という歴史の中で正々堂々と戦って勝ったことなど、ほとんどありません。本来、著しく戦争に弱い国および民族なのです。

さらに、プーチンのロシアはどうでしょうか。ヨーロッパ側で大変なのに、わざわざ東アジア方面でも敵を作るようなことはしたくないはずです。ロシアは歴史的に二正面作戦を嫌います。第二次世界大戦でも、日本とドイツの双方と同時に戦ったりせず、ドイツを片付けてから、日ソ不可侵条約を破って日本に攻め込んできました。

もっとも、ロシアに限らず、同時に複数の敵と戦うようなことは基本的に避けようとするものです。それをわざわざやってしまうのは両大戦期のドイツと大東亜戦争における日本ぐらいです。

ロシアは、この二正面作戦の悪夢を避けるために、普段から中国に媚《こ》びへつらっているのに、なぜわざわざ自分から朝鮮戦争を仕掛けるようなことをするでしょうか。

そして問題の中心である朝鮮半島ですが、ここに存在した国々は二千年間、中国に小突き回されてきました。それで、主体的に生きたいと北朝鮮の金一族は主体（チュチェ）思想をずっと掲げてきたのです。核兵器を持つということは、とにかく主体的にモノが言えるアクターになりたいということです。

この北朝鮮の行いを見ると、国家というよりは、暴力団のようです。すなわち、「暴力を振るうぞ、振るうぞ」と言って、振るわない。本当に暴力を振るって相手を殺してしまったら、取れるものが取れません。脅《おど》してお金をせしめるのが、暴力団のやり方です。同様に北朝鮮は、核兵器を持って「使うぞ、使うぞ」と脅しながら、有利な取り引きをしようとする。北朝鮮が利口ならば、そこで止めるでしょう。

つまり、東アジアに第二次朝鮮戦争を望んでいる国は一つもないのです。全員が現状維持を求めています。戦争を仕掛け、そのリスクを背負い込むようなことは誰もしたくない。

## 隣国の隣国が重要

なんだか、日本が国際政治を何もわかっていない国のようですが、事実だから仕方がありません。しかし、「これだから日本人は……」などと自虐的になる必要はありません。昔の日本人はしっかりしていました。特に、「隣国の隣国が重要」は、わかっていました。

1903年、ロシアはバルカン半島で対立していたオーストリアと手を組み、共同でオスマン・トルコに対峙《たいじ》することになりました。そのとき外務大臣だった小村寿太郎はロシアが極東方面に矛先《ほこさき》を向けてくることを察知し、覚悟を決めて戦争準備に入ります。日露戦争の前年から、「いよいよロシアは本気になった」と、警戒していたのです。

小国日本が大ロシア帝国との戦争を望んだのではありません。日本は戦争に備える一方で、当然のことですが、伊藤博文などが和平交渉を行っていました。それでも、努力のかいなく、戦争に至ってしまったわけです。「平和を欲するならば戦争に備えよ」とは、ローマ帝国の軍学者ウェゲティウスの格言です。日露戦争は準備があっても勝てるかどうかわからないギリギリの戦争でしたが、もし準備をしていなかったら、勝利などありえませんでした。

バルカン情勢（となりのとなり）を見て極東でのロシア（となり）の動きを予測する。明治の指導者は、これができていたのです。

ロシアという国の位置は変わらないので、現代でも基本は同じです。土地は変わらないから、その上で生き残る術を考える。これが地政学です。

ロシアの行動を読むためには、今ならウクライナ情勢を見なければなりません。ヨーロッパ方面がくすぶっている間は東アジア方面ではコトを起こさない。しかし、向こうが片付いたらこちらが危険です。

日本は島国で東は太平洋ですから、昔から西だけ見ていればよかった幸せな国でした。ミサイルや飛行機のある現代でも日本の東は同盟国のアメリカですから、いまだに片方だけ見る習慣からなかなか抜けきれていないようですが、内陸国は常に四方を窺《うかが》わなければなりません。

ロシアならヨーロッパと東アジア、中国ならインドと東アジア、常にその両面に注意を払っているはずです。もし、ロシアと中国が対立するようなことがあれば、さらに対立点が増えるので、そうならないようにロシアと中国は上海協力機構という同盟を結んでいます。この同盟、表向きの仮想敵はイスラム原理主義ということになっています。さすがにアメリカを仮想敵として掲げるわけにはいかなかった。その辺の建前の使い分けは日本も見習いたいところです。

過去の出来事をふりかえれば、1990年代にユーゴスラビア紛争が起こっていたとき、北朝鮮の金正日は不審船を日本に差し向けました。また、コソボ紛争中の1999年に在ユーゴスラビア中国大使館誤爆事件があったとき、江沢民はドサクサにまぎれて、法輪功を弾圧しています。

このように、となりのとなりを見ることで、一見、関係なさそうな事件がつながって見えてくるのです。

もしアメリカがイランなど中東の紛争でひどく足を取られるようなことがあれば、中国は台湾奪取を考えるかもしれません。逆に、中東方面が落ち着いていて、アメリカに余力があるときに北朝鮮が韓国を攻撃しようとしたら、中国は「その時期ではない」と止めるでしょう。

## 憲法を変えれば日本は変わるか?

**日本周辺国の防衛費の推移**　単位：100万ドル

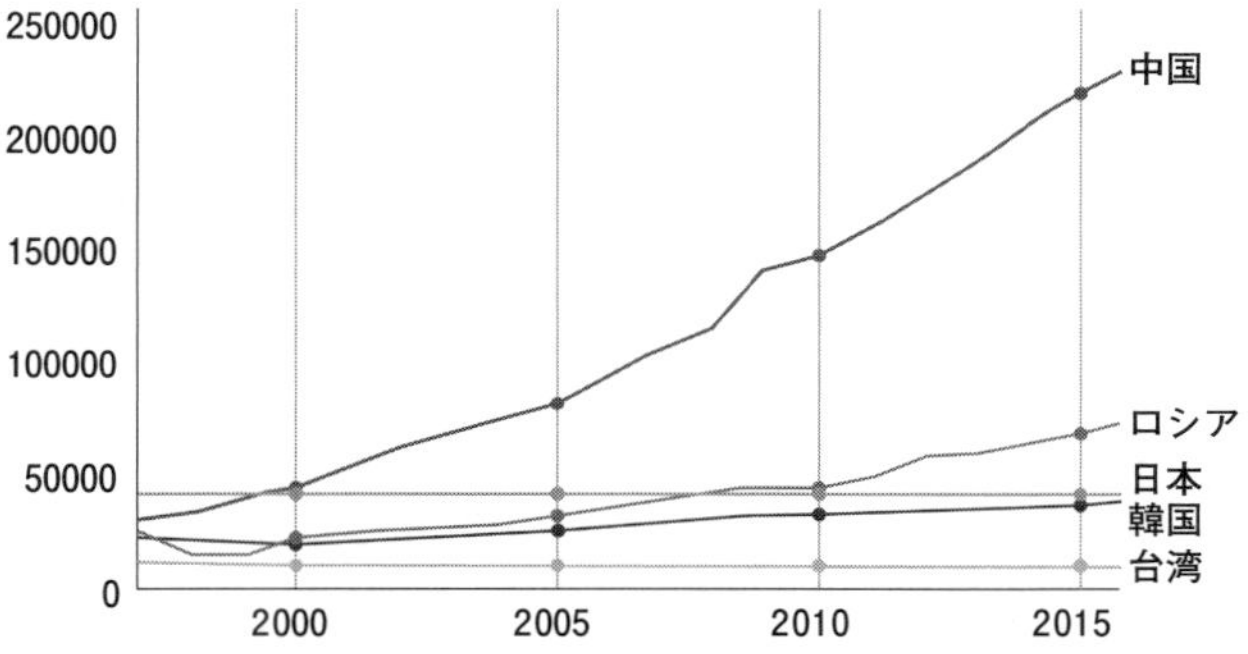


出典：SIPRI Military Expenditure Database／文春オンライン（「日本が防衛費ランキングで韓国に抜かれる日」2018/4/16）

もっとも、ハプニングで戦争になった歴史はいくらでもありますので、第二次朝鮮戦争にしても絶対に起こらないとは言いきれません。そのハプニングあるいは暴発が起きやすいのは、誰かが極端に弱いと思われたときです。強者が弱者を食ってやろうとして行動を起こす。そして、誰もが食われたくないので、上記のグラフのように日本以外の国々は軍拡をしているのです。この調子では、日本は韓国にすら追い抜かれてしまいます。

ちなみに第一章でも取り上げましたが、安倍首相は憲法改正するようなことを言っています。それがほぼ絶望だという話もしました。しかし、奇跡的に改憲ができたらどうなるのでしょうか。

安倍首相とその支持者たちは「自衛隊」を憲法に明記したいようですが、それが叶《かな》ったところで、どうだというのでしょう？　九条を書き換えたら、今のこの状況が変わるのでしょうか。

「自民党案」のような微修正を施《ほどこ》したところで日本のおかれた状況は何も変わりません。そんな無駄なことをするヒマがあったら、するべきことは他にいくらでもあります。例えば、憲法を変えなくても防衛費は増やせます。拉致被害者を取り返しに行くかどうかも政府の意思次第であって、憲法の問題ではありません。

広い視野を持って考えることがいかに大切か、おわかりいただけたでしょうか。世界は地政学で動いています。

幻想ではなく、現実を見ましょう。

〈本章のまとめ〉

●味方と敵を間違えるな。

●日頃の行動はすべてカモフラージュ。いざというときの行動がすべて。

●となりのとなりを見よ！

# 第三章　日本の経済は日銀で決まる

## 安倍一強、無敵の方程式

安倍晋三首相が政権に返り咲き、在任日数が6年を超えました。日本では長期政権とされます。では、なぜ長期政権になったのでしょうか？

簡単な法則があります。

日銀が金融緩和《かんわ》をする↓株価が上がる↓支持率が上がる↓選挙に勝てる↓誰も引きずりおろせない

要するに、金融緩和こそが安倍内閣が長期政権となった理由なのです。安倍内閣の経済政策は「アベノミクス」と称されますが、その中核が金融緩和です。ざっくりと言えば「お札《さつ》を刷る」ことなのですが、じゃあ何も考えずにお札を刷ればよいかと言うと、効果は限定的になります。小泉内閣も金融緩和をしてお札を刷っていましたが、効果は限定的で「実感なき景気回復」などと言われました。ですから、本章ではアベノミクスが成功している原因も解説します。

しかし、当の安倍内閣も最初の半年こそ株価は爆上げでしたが、その後の景気回復は緩《ゆる》やかにすぎません。この理由は簡単で、景気が回復する前に消費税を5％から8％に上げたからです。

結論を端的に言うと、金融緩和をすれば景気が良くなり、消費税を増税すれば景気が悪くなるのです。

では日本経済の要《かなめ》、金融緩和とは何かを説明しましょう。これがわかれば、今の日本経済の問題は、ほとんどすべてが分かったと思っても構いませんので。

## インフレとデフレどちらがいい？

まず、経済の初歩からお話しします。経済には、二つの状態があります。インフレとデフレです。

では、インフレとデフレはどちらがいい状態なのでしょうか？

と、聞いておいてなんですが、インフレかデフレかの二択に騙されてはいけません。人間の体温について、高熱にうなされる状態と低体温でぐったりしているのと、どちらがいいのかなどと考えることはありません。どちらも具合が悪い状態です。健康的なのは平熱に決まっています。

インフレを「高熱」、デフレを「低体温」にたとえるなら、「平熱」にあたる経済用語はマイルドインフレです。およそ2～4％程度の物価上昇率を言います。

アメリカでも、リーマン・ショックの２００９年など下がっている年もありますが、だいたい2～3％の物価上昇率は保っています。主要国で日本のようにゼロ近辺で地を這《は》っている国はありません。ときどき、「日本は成熟した社会だから、もう成長しない」と主張する人もいますが、2～3％程度の経済成長は今の日本でも可能なのです。この程度のマイルドインフレが「平熱」です。

そして、「高熱」に相当するのは「悪性インフレ」「ハイパーインフレ」でしょう。日本人にわかりやすい例は敗戦後まもなくの「ハイパーインフレ」です。１９４７年のインフレ率は１２５％、１年で物価が倍以上になったということです（岩田規久男『日本経済にいま何が起きているのか』東洋経済新報社、２００５年）。

ただ、若田部昌澄・日本銀行副総裁によると戦後日本のインフレはハイパーインフレではないそうです。曰《いわ》く、ハイパーインフレの学術的な定義は「物価上昇率が月率50％以上というもの」です。敗戦後の日本のインフレは、月率４・９％、年率59％なので、「ハイパー」には届いていません。

ちなみに若田部氏も認めるハイパーインフレの例として、次のようなものがあります。

リヤカーで運ばれる札束や積み木のようにして札束で遊ぶ子供の写真で有名な1920〜23年のドイツは、ピーク時で月率3万%のインフレでした。そして、1989〜90年のアルゼンチンでは、最高で月率196%。内戦時のユーゴスラビアでは、92〜93年に月率3億1300万%に達したことがあるそうです（若田部昌澄『もうダマされないための経済学講義』光文社、2012年、168〜171頁）。ちなみに、2018年のベネズエラは、170万%です。

以上は極端な例ですが、それほどではなくとも石油ショックの影響で急激に物価が上昇した1974年の日本は年率23%の上昇率を記録しています。

これらは、悪性インフレです。

高度経済成長期の高めの数字で13%程度。1960年からの7年間で日本人の所得は2倍になった、「月給倍増」の時代です。毎年7%以上ずつ年収が上がれば、10年で年収は2倍になります。

どこまでがマイルドインフレでどこからが悪性インフレなのか、そのひとつの目安と言えるのがこの7〜13%でしょう。発展期にある途上国でも物価が13%を超えて上昇していくなら、それは加熱しすぎです。成長率は7%と13%が目安と言えます。

逆に、デフレとは物価上昇率が2%を切った状態です。

## あらゆるデフレは悪である

今、日本はデフレ不況に苦しんでいます。バブル崩壊以来、小康状態を保ったこともありましたが、何十年にもわたる長期の不況から基本的に脱却していないのです。

そもそも経済とは、世の中に溢《あふ》れている物（商品）と世の中に供給されている通貨（お札・硬貨）の量で決まります。つまり、モノとお金のバランスで決まるのです。

モノの価値は希少性があれば上がります。モノが少なければ、価値が上がる。異常気象による天候不良で不作によって野菜の値段が高くなったのは記憶に新しいところです。みんなが欲しいモノが少ないと、価値が出るのです。

インフレとは、モノよりお金の量が多いときです。お金がたくさんあるから、お金の価値が下がり、相対的に商品の価値が上がる。これが行き過ぎると物不足になります。お金ばかりが巷《ちまた》に溢れてしまいます。

この逆がデフレです。モノをたくさん作っているのに、流通しているお金の量が少ない。ということは、汗水流して働いた商品の価値が下がって、所詮《しょせん》は紙切れのお札の価値が高まってしまいます。

再び問います。

インフレとデフレのどちらが良いか。

皆さんは、インフレには二種類あることを知りました。マイルドインフレと悪性インフレ（その極端なものがハイパーインフレ）です。高熱と平熱があるように、インフレには「良いインフレ」と「悪いインフレ」があります。数字で言うと、４％までのインフレは何の問題もないインフレ、７％からは少し高め、13％を超えたらかなり高めです。人体にたとえるとマイルドインフレが平熱35度から36度、悪性インフレは38度を超えたあたり、というのに似ています。

体温にデフレをたとえると、35度を切った状態でしょうか。死んでしまいます。良いデフレなど無いのです。あらゆるデフレは悪なのです。この点に関しては、詳しくは、上念司『デフレと円高の何が「悪」か』（光文社、２０１０年）をどうぞ。

しかし、お金を使うことを悪とし、質素倹約を善とするのが大多数の日本人です。実は、かくいう私もそうです。

日本人は質素倹約や節約を美徳としてきました。二宮尊徳や新井白石など恵まれない境遇に育ちながら立身出世した話は美談として後世に受け継がれ語られます。「蛍雪《けいせつ》の功《こう》」という言葉も、貧しくて夜に本を読む灯火の油を買うことができなくて、夏は蛍の光、冬は雪の明かりで勉強をし、高級官吏《かんり》に出世した人の故事から来ています。

## 国は節約してはならない

しかし、彼らは貧乏だから出世したわけではありません。貧乏なのに、その逆境を跳ね返して努力して栄冠をつかんだ偉い人なのです。貧乏にいいことなど何もないのです。私たちは知らず知らずのうちに、お金を使うことは悪いこと、節約することはいいことだと思い込まされています。それで、緊縮財政は日本人の道徳心にも訴えるものがあるようです。田沼意次などは江戸時代で最も成功した経済政策を行った人なのですが、長らく賄賂《わいろ》政治の極みとして批判の対象でした。田沼が評価されるのは、20世紀の末からです。

確かに、個人が返せないような借金をするのは望ましいことではありません。しかし、政府の借金は、極端なことを言えば、お札を刷れば解決する話なのです。じゃあ、政府は借金をしてもお札を刷ればいい、じゃんじゃんお金を使ってもいいのか？ と思われるでしょう。これに対し、経済学では明快に答えてくれます。「はい、その通りです。ただし、一つの条件を覚悟すれば」と。その一つの条件は、あとでお話ししましょう。

世の中には節約が趣味のような人がいますが、それは個人の勝手です。しかし、一国の政府が節約を趣味にしていては、国は滅亡するのです。バブル期のように景気が過熱している時に緊縮する、熱が高い時に水で冷やすのは構いません。それは行き過ぎたインフレを抑制するという意味で「ディスインフレ」と言います。経済の本を読んでいるとディスインフレ政策をデフレ政策と表記している場面に出くわすのでややこしいのですが、正確には違います。ディスインフレは熱が38度を超えた時に下げること、デフレ政策とは35度以下に落とすこと、と理解してください。

もし政府がデフレ政策を実行するとどうなるか？　むしろ、そっちのほうが道徳的におかしな状態が出現します。

２００４年に放送されたバラエティ番組で、いわゆるニートの若者が「働いたら負けかなと思っている」と発言し、話題になりました。いまだに「働いたら負けTシャツ」などが売られています。多くの日本人は「何を言っているのか」と呆《あき》れたでしょう。

ところが、経済全体の話として、デフレ社会では「働いたら負け」というのは正しいのです。政府が経済をデフレにすると、こんな暴言を正しくしてしまうのです。

## デフレスパイラルの生き地獄

ここで経済の根本に関し、先ほどの話を復習しましょう。

経済の状態はモノとお金のバランスで成り立っています。ここで思い出してほしいのは希少性です。お金とモノ、どちらに希少性がある方が健全か。モノです。

お金はしょせん、紙切れです。政府が「価値がある」と認めているから、みんなが信用しているだけです。信用していかなるモノとでも交換できますが、信用が無くなればタダの紙切れです。一方、モノとは商品です。

勤勉な日本人はモノを一生懸命どんどん作ります。しかし、お金の量が増えないのでは、働けば働くほど、汗水流して作った商品の価値が低くなってしまいます。

個人としては、給料をもらうために働かなければいけない。農家が野菜を作る。職人が家具を作る。インストラクターはレッスンという商品《サービス》を生み出している。会社で働くサラリーマンも、分業されているというだけで、会社全体として商品やサービスを生み出しています。

それらがすべて無駄になるどころか、やればやるほど苦しくなる。「働いたら負けかな」と思う。これがデフレという状態です。

お札が増えない状態で働けば働くほど、お金の価値に希少性が付く半面、モノの価値は下がり続ける。まさに生き地獄です。この状態をデフレスパイラルと言います。

インフレには良いインフレと悪いインフレがありますが、すべてのデフレは悪なのです。

さて、さきほど「政府は借金をしてもお札を刷ればいい、じゃんじゃんお金を使ってもいい。ただし、一つの条件を覚悟すれば」と述べました。

その一つの条件とは、「インフレになること」です。

## 大事なのはインフレターゲット

お札を刷れば、お札は希少品ではなくなりますから、モノの価値が上がります。インフレです。ただし、あんまりお札を刷れば、お札の価値がなくなります。悪性インフレです。これさえ気を付ければ、政府はお札を刷って借金を返しても構わないのです。

これも人体にたとえると、平熱の時に体温を上げすぎるのは問題だということです。逆に、凍え死にそうなときは体温を上げなければなりません。凍え死にそうな時に水風呂なんかに入ったら死にます。体を温めたら良いのか冷やしたら良いのか、二択ではなく、状況によります。同じように、お金を使うのが良いのか、貯め込むのが良いのか、状況によるのです。

なお、単にお札を刷っても効果はありますが、より効果的な方法があります。インフレターゲットです。たとえば現状の安倍内閣は、「2%の物価上昇率」を目標として掲げています。つまり「2%のインフレになるまでお札を刷る」という宣言、これがインフレターゲットです。政府と日銀が共同して「景気を回復するぞ」との目標を掲げることによって、安心して投資できます。デフレ不況になるのがわかっているならお金を貯め込みますし、景気が良くなるとわかっていればお金を使うのが人情です。小泉内閣の場合はインフレターゲットを掲げなかったので、金融緩和をしても爆発的な効果は表れませんでした。

技術的な話で言うと、市場に出回っている国債を買うと、代わりにお札が市場に出回ります。「国の借金1000兆円」などと言いますが、政府の借金である国債を日銀に買ってもらえば、何の問題もありません。インフレを覚悟すれば。

経済学の話は以上で終わりです。要するに、デフレを終わらせるにはお札を刷ればよいのです。

では、デフレの時にお札を刷らないとは、今まではどういう了見《りょうけん》だったのでしょうか。

## デフレの謎——背後に日銀あり

お札を刷るのは、誰か。

日本銀行です。硬貨は財務省が発行しますが、金額が高いお札は日銀の仕事です。

ならば、なぜ日本銀行はお札を刷らなかったのでしょうか？

速水優、福井俊彦、白川方明の３代15年間の歴代総裁が、そう決めたからです。

日本銀行の最高意思決定機関に政策委員会があります。政策委員会は総裁（１名）・副総裁（２名）・審議委員（６名）からなり、政策決定に際して１人１票を持っています。この人たちには、裁判官並の身分保障があります。任期は５年と決まっていますが、その間の解任権が、誰にもないのです。なお、就任時期は各自異なるので、全員が一斉に交代するわけではありません。

これは１９９７（平成９）年の改正日銀法によって改悪された結果です。

旧日本銀行法には、「職務上の義務に違反し委員に適さないと内閣が認めた時は、内閣が罷免できる」（旧日銀法第一三条の六）とありましたが、新しい日銀法では犯罪や重病などの極端な場合を除いて「在任中、その意に反して解任されることがな」（第二五条）くなりました。

これによって、日銀は恐ろしく独立性の高い組織となってしまいました。

つまり、政府の経済政策に反することをしても、まず解任されることのない政策委員会メンバーの9人が日銀のすべてを決めています。

速水・福井・白川の3人が総裁であった15年間は、政策委員会が常にお札を刷らないと決めたのです。総裁の意向に、副総裁も委員も従いました。

しかし、安倍首相は日銀総裁人事に勝ち、黒田東彦氏を送り込み、アベノミクスを推進することができました。現在の政策委員会には、旧体制の生き残りは幸い雨宮副総裁ただ一人です。

ここで安倍首相勝利の方程式を確認します。

日銀が金融緩和をする↓株価が上がる↓支持率が上がる↓選挙に勝てる↓誰も引きずりおろせない

安倍首相が金融緩和をできたのは、白川総裁から辞表を取り上げ、黒田総裁を送り込んだあと、ことごとく日銀人事で意に沿う人材を送り込み続けたからです。特に黒田総裁と同時就任した岩田規久男副総裁はアベノミクスと呼ばれる政策のほとんどを考えた人です。どんなに正しい経済政策も、人事で勝てねば実行できないのです。

しかし政策委員会はともかく、理事や企画局など、日銀の実務を遂行《すいこう》する人々には旧体制支持派がいまだに多く、彼ら日銀職員は面従腹背《めんじゅうふくはい》です。委員会の人事によっては、日銀はいつでも旧体制に戻りかねません。

実は、「日銀が金融緩和～誰も引きずりおろせない」というのは相互作用なので、どこかで歯車が狂えば、たとえば安倍首相が選挙に負けてしまって影響力が落ちれば、すぐに金融引き締めをしてお札を刷らないようになるかもしれないのです。

## 自殺者1万人増の緊縮財政

では、なぜ彼らは15年間お札を刷らなかったのか。金融緩和を憎むのか。

今まで説明したような簡単な経済学の知見を、日銀は15年間も実行できずにデフレを放置しました。その間、自殺者は1万人も増え、失業率は跳ね上がり、多くの人が塗炭《とたん》の苦しみを味わいました。これは何なのでしょう。日本を苦しめるためにわざとやった外国のスパイの仕業《しわざ》と言う以外に、理由はあるのか？

と言い切っても仕方ないので、丁寧に検証しましょう。

なお、「スパイ」と言っても勝手な決めつけではありません。その証拠に白川方明前総裁が上海で行った2009年8月8日の中国人民銀行での講演を紹介しておきます。

……1990年代後半以降、日本の政策当局に対し、国内外のエコノミストや国際機関から様々な政策提言がなされたことは記憶に新しいと思います。非常に大胆なものも含め、様々な提言が日本銀行に対しなされました。典型的な政策提言としては、「日本銀行が行うべきことは、高めの目標インフレ率を設定し、その目標を達成するため、実物資産を含めてあらゆる資産を購入することだけである」、「日本銀行は財政赤字のマネタイゼーションを行うべし」などがありました。中でも、最も有名な提言の1つは、「無責任な政策にクレディブルにコミットすべし」というものです。興味深いことに、今回の危機では、急速な景気の落ち込みにもかかわらず、エコノミスト達からは、同様の大胆な政策提案は行われていませんし、そうした急進的な措置も実施されていません。初めて課題に直面すると、政策措置に関する議論は極端に振れがちです。そうした議論は、実際に危機への対応という課題に直面して初めて、真に地に足のついたものになるのだと思います。私は、かつてと現在のエコノミストの主張の変化をみるにつけ、人々が過去の経験から学びながら前進していく過程、つまり学習過程が確実に働いていることを感じます。我々にとって重要なことは、中央銀行としての基本的な責任を果たしていくことです。そのためには、今後とも、経済や金融の変化に対して常に謙虚さを保ちながら学習を重ね、経済のメカニズムやセントラル・バンキングに関する知恵を磨いていくことが、我々に課されている重要な課題であると考えています。

専門用語だらけで何を言っているかわからないかもしれませんが、意味が分かると怒りたくなります。要するに、「金融緩和は私が阻止《そし》しています」です。具体的には、「インフレターゲットを決めたり、国債を買い取ったり、紙幣を発行しろと言われたりしたけど、今回の危機〔リーマン・ショック〕ではエコノミスト達から何も言われてない」です。多くのエコノミストがリーマン・ショックでの白川総裁の無策を批判していましたが、何も聞いていなかったのでしょう。

いったい誰に対するアピールでしょうか。まさか、デフレ不況で苦しむ日本経済を尻目に飛躍的な経済成長でGDP世界第2位の地位を奪った中国に忠誠を示したわけではないでしょうが。

ちなみに、この演説は今でも日銀のホームページで見られます。

## 白川日銀総裁の妄言

この白川氏には他にもひどい発言があります。

総裁時代の白川氏がテレビ番組（テレビ東京「ワールドビジネスサテライト」）で日本銀行の政策について説明したことがありました。番組の中で、白川総裁はデフレの原因を三つ挙げています。

① 規制緩和などによって、内外価格差が縮小した。
② 労使が雇用確保を重視し、サービス産業などの賃金低下を許容した。
③ バブル崩壊後の国民の自信の喪失が需要不足を生み出した。

（田中秀臣『デフレ不況　日本銀行の大罪』朝日新聞出版、２０１０年）

白川氏、普通の日本人が経済の勉強などしていないと思って、好き放題言っています。

翻訳すると、「景気が悪いのは、「①政府が悪い。②企業と労働組合が悪い。③何より国民がバカ」です。いずれにしても結論は「日本銀行のせいではない」わけです。

なかでも白川氏が重視したのが、③の「国民の自信の喪失」で、それを改善させるのは政府の役割である、でした。責任転嫁《てんか》もはなはだしい。自分がお札を刷らなかっただけですが、それは頑《かたく》なに認めません。

こうした白川氏の態度を、ノーベル経済学賞受賞者のクルーグマン氏は激しく批判していました。


中央銀行の独立性への介入に関しては、もはやあれこれ躊躇すべきではありません。日本のGDPデフレーター（名目GDPを実質GDPで割った値。経済全体の物価動向を示す）は、ここ13年間、下がりっ放しです。それなのに今、日銀が重い腰をあげないというなら、（その責任者たる総裁は）銃殺に処すべきです。

（『週刊現代』2010年8月14日号）


「銃殺」は意訳しすぎとも言われますが、とにかく白川日銀が大きく間違っていたことは国内外から批判の的でした。

次ページのグラフは自殺者の推移です。1998（平成10）年に一気に8千人増えました。そのほとんどが働き盛りである30〜40代の男性です。自殺者2万人台から3万人台に突入しました。だから私は「日本の自殺者三万人、日銀総裁白川さん」と唱《とな》え続け

**自殺者数の推移（自殺統計）**

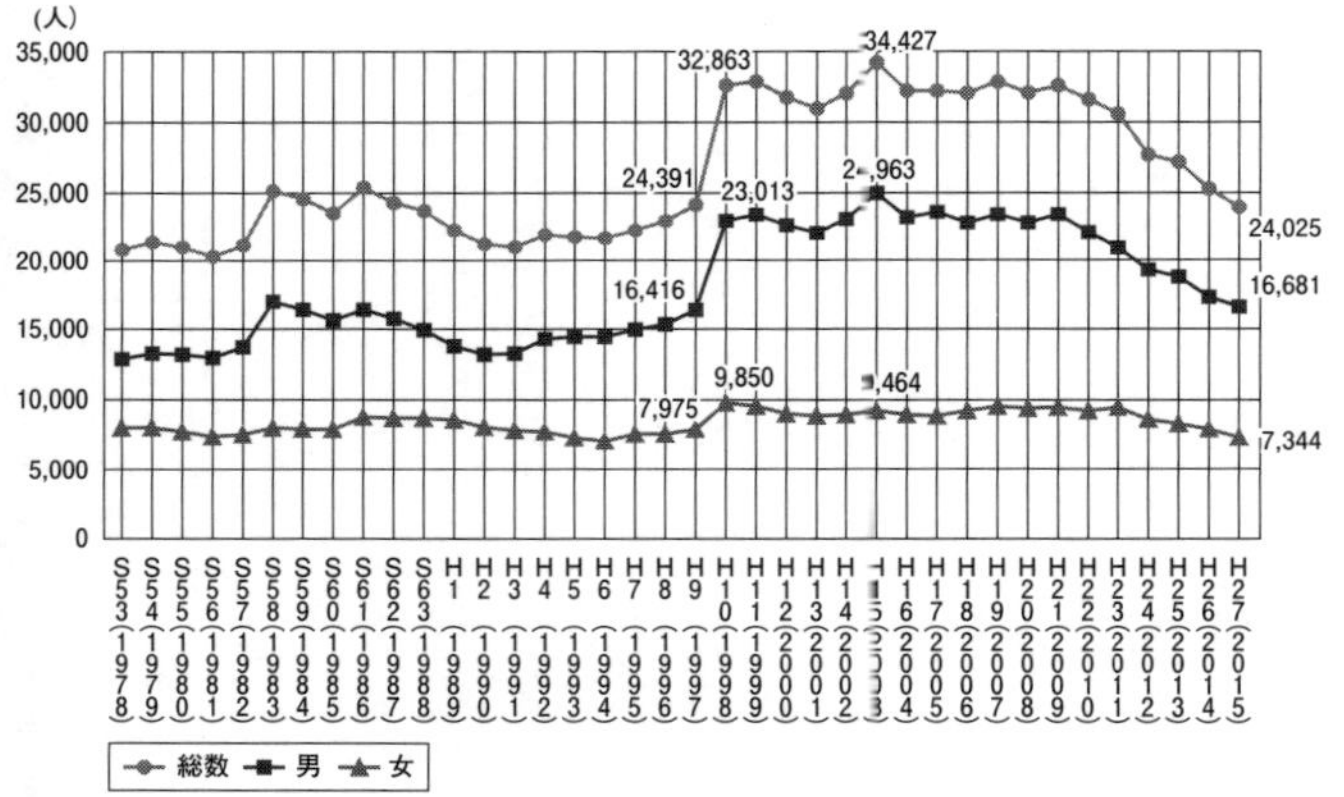


出典：警察庁「自殺統計」より厚生労働省自殺対策推進室作成

ました。98年といえば速水日銀総裁が誕生した年。前年には橋本内閣のもと消費税が5％に上がっています。

## 消費増税が景気回復を潰す

おさらいになりますが、先ほどはサラリと流したインフレターゲットを説明しておきます。

日本銀行は通貨発行権を事実上独占しています。日銀が通貨をたくさん発行すれば、それで簡単にデフレから脱却できるのです。相対的にお金が増えれば、モノの価値が上がって、景気が良くなる、つまり、インフレになります。

好景気の見本とも言える、かつての高度経済成長のしくみも基本的に同じです。

お札を刷る。すると、モノの価値が上がる。それで、生産者は儲かる。儲かるからよりいい商品を作る。いい商品が市場に出たら、買う人が増える。買う人が増えると作る側の収入が増える。それが会社であれば、そこで働いている人の給料が増える。給料が増えたら、モノが買える。これがグルグル回っている。ただそれだけ。好景気が続けば、心理的にも影響を与え、国民は、これからも好景気が続くものと思います。どんどん投資します。

その好循環の根源が、日銀がお札を刷ることにあるのです。

ですから、安倍首相がやるべきことは、基本的に高度経済成長を成し遂げた池田勇人とまったく同じです。ただ、今は長期のデフレが続いていますから、消費や将来への投資を呼ぶには好景気宣言とも言えるインフレターゲットが必要です。インフレターゲットとは目標として掲げる物価上昇率のこと。貨幣を増やすことも大事ですが、インフレ率そのものを金融政策の目標として設定し、緩やかなインフレを起こして経済の安定成長を図らなければなりません。

人々が「金融緩和（通貨発行）なんて一瞬で終わりだろう」と思ったら、誰もお金を使いません。そのあと、またデフレが続くなら、お金を貯めておいたほうが得だと考えるからです。ただお札を刷って有効利用をしない、ブタ積みしても意味がないのです。

しかし、「インフレ率が〇〇%になるまでお金を刷り続けるぞ〜」ということなら、みな安心してお金を使います。だから、インフレターゲットを明らかにすることによってはじめて、投資や消費に良い影響を与えることができるのです。

重要なのは「日銀にお札を刷らせる」という、この一点ですから、日銀人事はとてつもなく重要です。日銀人事で日本の経済のみならず政治が決まります。

これが安倍首相が株価連動政権と言われる所以《ゆえん》です。日銀の黒田総裁がお札を刷ると、株価が上がり、景気が良くなります。すると、安倍政権の支持率が上がります。そして、選挙に勝てる、つまり議席数を伸ばす。その結果、野党は縮小し、弱くなります。選挙に勝てる首相となれば、自民党内でも党の看板となる安倍首相を引きずりおろす人はいなくなります。

そのため安倍首相は、外の野党も身内の自民党も抑えることができるのです。安倍首相は何も手のこんだことをしているわけではありません。お札を刷って景気が良くなっているから、選挙に勝って一強という単純な理屈です。

だから、日銀人事が天王山なのです。

インフレターゲット＋金融緩和＝アベノミクス。

安倍首相に鉄の意思があれば、景気回復など2年くらいで成し遂げられるはずでした。ところが6年たっても経済成長率は1％をウロウロしています。

安倍首相の何がまずかったのでしょうか？　検証しましょう。

## 黒田バズーカの威力

２０１２年11月、衆議院が解散。この直後、自民党が野党であったときに党総裁であった安倍さんは「(日銀は) 思い切った量的緩和を行っていくべきである。今までの対応は不十分であった」と白川日銀総裁を批判し、事実上「白川を討《う》つ」と宣言しました。自民党安倍総裁への政権交代により大胆な金融緩和が行われ、デフレ脱却が実現するとの期待から、選挙前から日経平均株価が上昇しています。12月の選挙では自民党が圧勝しています。ますます、株価は上がります。

白川総裁の5年任期が満了するのは２０１３年４月でしたが、西村副総裁の任期切れに合わせて3月に辞任。退任の日、株価はさらに上がり、SankeiBizには「中銀総裁が退任するニュースで株価を３％も上げた国なんて聞いたことがない」と書かれています(http://www.sankeibiz.jp/business/news/130207/bse1302070601002-n4.htm)。

次の日銀総裁には黒田東彦氏が選ばれました。安倍首相と歩調を合わせて黒田総裁の行った金融緩和は「バズーカ砲」などと呼ばれます。確かに、黒田バズーカの威力は甚《じん》大《だい》でした。

黒田総裁は就任早々「量的・質的景気緩和」を導入します。2％の物価目標を2年程度で実現するために大胆にお札を刷りました。とたんに、ただでさえウナギのぼりだった株価は爆上げします。これが黒田バズーカ第一弾でした。

しかし、２０１４年４月に消費税が８パーセントに上がるということで、14年は消費増税前から株価が低迷します。

そこで、黒田バズーカ第二弾が打たれ、再び急上昇します。10月31日だったのでハロウィーン緩和と呼ばれました。

以上説明した株価の上下は、左のグラフを見ていただくと、よくわかります。黒田バズーカ第一弾で急上昇していた株価が横ばいになり、第二弾が打たれた後にようやく再び上昇を始めています。

二発のバズーカを打ったことによって、まだ景気を保っていますが、消費増税の破壊力がいかにすさまじいことか。

金融緩和の威力を破壊する唯一の方法が、消費増税なのです。

日経株価の推移

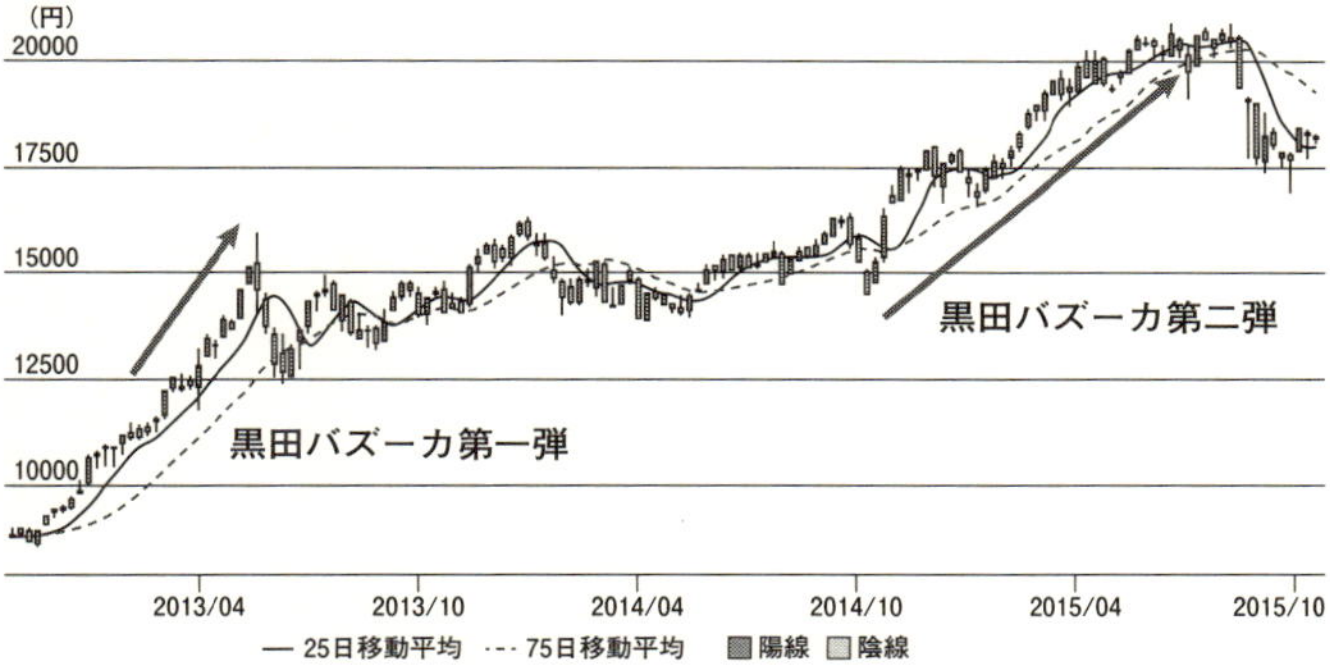


出典：［Nikkei225］3Year weekly（2015/10/20）

## 財務省が増税したい七つの理由

この消費増税を推《お》し進めているのが財務省です。

では、なぜ財務省は消費増税したいのでしょうか。

失敗するとわかっていることをやりたがるのは、如何《いか》なる屁理屈《へりくつ》を並べても頭が悪いとしか言いようがありません。しかし、日本を苦しめるためにワザとやっているとしたら……。

経済の話から離れますが、インテリジェンスの常識を述べます。スパイは普段は何もしなくていいのです。正論が通りそうになったときだけ、潰せばいいのです。そうすれば敵を自滅させることができます。逆を言えば正論が通る社会ではスパイは何もできないのです。

筋金入りのスパイについて「なぜ」を考えても困難かつ無意味です。また、誰がスパイかと特定しようとしても無意味です。事実が特定できたときには、国が滅んでいます。国が滅んだときくらいしか、スパイに関する確実な史料など出てこないのですから。第二次世界大戦においてソ連は世界中にスパイを放って色々な工作をしましたが、それがはっきりわかったのはソ連が崩壊して史料が出てきたからです。

だから、「スパイかもしれない」という考察の前に、思いつく限りの可能性を検証するのが先決です。

そこで、財務省の思考回路を七つに類型化してみました。

## ①経済学がわかっていない

そんなはずがないだろうと思った方、相当に学歴コンプレックスがあります。

財務省には、ほぼ東大法学部出身者しかいません。経済学部ではなく、法学部です。黒田東彦さんは日銀総裁就任前は財務官僚でしたが、「財務省では珍しくまっとうな経済学を押さえている」と評判でした。では他は？　と考えると恐ろしくなります。

財務官僚は、端的に言って、変動相場制がわかっていません。１９７１年までの世界経済は金本位制だったので、金の保有量しか、お札を刷ってはいけませんでした。金本位制と完全決別してから、たかだか40〜50年しか経っていないので、日本の財務官僚は、その経済学の劇的な変化についてこられなかったのです。現代では金の保有量とは関係なく、政府の信用でお札が刷れるようになっているのだから、ジャンジャン刷ればいいではないかと思うのですが、インフレを心配して刷りません。

このように、財務省はそもそも大学で経済学を学んだ専門家ではないですし、入省してからの研修で習うからなのですが、半世紀前の経済学にしがみついている人が多い。今はいくらでもお札を刷れるのだということが理解できないのです。

## ②変態・お札フェチ

円をどうしても希少品にしておきたい。希少品であることにこそ価値があると思っている。そういうフェチがいます。

読者のみなさんも、「強い円」理論を聞いたことがあるのではないでしょうか。

このフェチが、まじめな経済学を装ってモノを言うとき「強い円」と言います。「強い円」と書いてある本、「強い円」を主張するエコノミストを見たら、このタイプの変態だと思ってかまいません。

これもインフレを抑制する主張です。デフレのときには通じません。しかし、「1ドル1円を目指せ」などと本気で言っている人もいるのですから、恐ろしい話です。

### ③バブル時代への怨念

財務省官僚は公務員です。バブル期には民間のほうが高給取りでした。何をもって給料が多い・少ないと言うかは比較の問題ですが、気位《きぐらい》が高い財務官僚が口惜《くちお》しさを感じる高給取りが民間にウヨウヨしていた時代ではあったのでしょう。民間の給料やボーナスがどんどん上がっていく中、公務員の収入はそれほど上がりませんでした。公務員の給与は民間に準じて上げ下げすることになっていますが、景気のいいときには、それ以上に民間企業の給与が上昇しました。優秀な人材をどんどん民間に取られてしまいます。

そのため、財務省や日銀には「バブルで踊った日本人を制裁してやる」とか、「増税しないと国民を甘やかすことになる」と言う人が本当にいます。

そういうバブル期の怨念《おんねん》が財務省・日銀の増税原理主義者・金融緩和否定派の人びとに今もって取り憑《つ》いているのです。

逆に不況下では、官僚は比較的恵まれています。雇用は安定、民間のように給料がカットされることはありません。官僚にとってはデフレのほうが都合がいいとも言えるのです。

余計な話ですが、民主党（現・立憲民主党）の最大支持母体は自治労という、公務員の労働組合です。同じ理由でデフレは有難いですし、消費増税大賛成です。

財務省は自民党のシンクタンクのようなもので身内ですが、野党も仲間なのです。

## ④宗教的ドグマ

財務省のトップは形式的には大臣ですが、本気でそんなことを信じている財務官僚など一人もいません。あくまで「お客さん」です。現在の麻生太郎大臣は6年もの長期にわたって在任していますから、よほど迎える側の財務省に都合が良いのでしょう。

官僚のトップであり、実質的なトップは、事務次官です。現在は岡本薫明氏です。財務省には序列があって、予算を司る主計局長が次の次官になります。岡本氏もそうでした。現在は、太田充氏が主計局長です。次の主計局長になるのは、省内外の調整を行う官房長です。現在の官房長は、矢野康治氏です。この人、筋金入りの増税派です。

この人、２００５年の小泉内閣の時代に財務省のホームページの「税制メールマガジン」を執筆していて、そこに堂々と「景気回復は反対です」と書いているのです。なお、当時の矢野氏は主税局広報担当主税企画官でした。

引用します。

……物価の上昇は、財政にどのような影響を及ぼすのでしょうか。デフレを脱却し、物価上昇が堅調で確からしいものとなれば、金利もそれに連れて上がってくる可能性があります。

もし金利が1％上がれば、500兆円を超える国債残高の利払費に5兆円ほどかさみ、現状の1・6倍にもなります。

（中略）

金利上昇に伴う歳出増がいかにすさまじいかです。

これに対し、「物価上昇で実質債務が目減りするし、税収が増えるからいいじゃないか」と楽観視する向きもあります。しかしそもそも税収等の基礎的財政収入よりも基礎的財政支出の方が圧倒的に大きい（1・33倍、差額15・9兆円）ため、物価上昇による歳入増よりも歳出増圧力の方が大きく、更にこれに上述の国債比の肥大化が加わるため、財政収支は悪化する危険性が大きいのです。

したがって、財政運営上は「脱デフレ」を単純には歓迎できません。

（税制メールマガジン　第20号　平成17年9月30日）

傍線は私が引きました。ここまで堂々と景気回復（デフレ脱却）に異を唱えた人を、他に知りません。

読んで気分が悪くなった方もいるかもしれませんが、こんな人が日本のエリート官僚なのです。

矢野氏曰く、「国の借金」がいかに不健康で是正《ぜせい》しなければならないか、そして、それを補うには増税しかないということを、言葉を尽《つ》くして、これでもかと刷り込んでいます。

以上の文章は今でも見られますので、嘘だと思う方は是非、財務省ホームページを確認してください。

また、同じく2005年当時に書かれた矢野氏の著書『決断！　待ったなしの日本財政危機─平成の子どもたちの未来のために』（東信堂）にも同様の内容が書かれています。

「景気回復してはいけない」とは何の冗談でしょうか。

「増税しないと財政再建ができない」

もはや、信仰以外のなにものでもありません。

### ⑤組織的硬直

先輩や上司の批判ができず、「こんなことをやってはいけない」とわかっていながら、その間違ったことをやり続ける人たちです。戦前の陸海軍と一緒です。心ある人もいるにはいますが、歪《ゆが》んだ組織の中では、正しい言動をする人ではなく、組織の大勢に従った人が出世するのです。

財務官僚は、歳出を減らし、歳入を増やすことに命をかけています。そのためには消費増税が最適であるというのが財務省です。消費増税が経済に悪影響を与えることは財務官僚たちもわかっているのに、経済が悪くなっても自分たち官僚の待遇は安定していてさほど悪くならないので構わない。

逆に、金融緩和などと主張したら、出世できない。そんな組織の体質があり、個人的に反対意見を持っていても、財務省の一員として、表立ってそれに反抗するなど並大抵のことではできません。

黒田総裁が就任して以来、日銀は少し変わりましたが、財務省は相変わらずです。官僚は省益第一に行動します。国全体ではなく、いかに自分たちの利益を確保するかが一番大事。当然、省益である増税に貢献すると出世できるのです。

## ⑥「ほどほど総理」が省益

そもそも、財務省にとって、総理大臣は強すぎても弱すぎてもいけません。首相が弱すぎて何もできないようでも困るのです。財務省のもくろみ通りに政府を動かそうにも、当の内閣に実行力がなければ、どうしようもありませんから。

しかし、総理大臣とその内閣が強すぎて財務省の意見が通らなくなる状態も困るのです。

景気が回復すると、ときの総理大臣が絶大な人気を得ることになります。ただでさえ最高権力者なのに、その権力がさらに強まるのです。財務省としては、絶大な権力を手にした総理大臣はコントロールできないので、都合が悪い。

財務省が大蔵省と呼ばれていた時代より、田中角栄や竹下登といった強い総理大臣に泣かされてきた歴史が彼らにはあります。特に田中のバラマキ財政とそこから引き起こされた狂乱物価などがトラウマとなっています。そのため、財務省にとっては、強すぎず弱すぎず、ほどほどの総理大臣がちょうどいいのです。

安倍首相は、実際に増税するかどうかの土壇場《どたんば》で毎回選挙をしています。選挙に勝ったとなれば、国民の信頼を得たということで、ある程度の政策実行の余地が生まれます。しかし、財務省の意見に逆らって増税延期するために選挙をしなければならないというのは官僚に対する政治家側の弱さを示しています。これでは、官僚主権です。景気回復に水を差す消費増税は、財務省の安倍政権に対する拒否権に他ならないのです。

## ⑦歴史健忘症

今の財務省の人たちは、だれも大蔵省の正しい歴史を知らないのではないかと思います。

消費税を初めて導入したのは1989年、竹下登内閣のときですが、減税とセットにした形でした。あの頃はまだ、経済成長を考慮しながら「景気を破壊しないように増税しなければならない」という意識がありました。

それが、今では「健全財政」の概念がすっかり歪んでしまって、「日本が滅んでも増税しろ」です。「日本経済がどうなってもいい。自殺者が3万人に増えようが構わない。増税したら、オレたち、出世できるんだ!」と考えてもいるのでしょうか。

財務省が、このような増税原理主義に染まっていくのは勝栄二郎(第9代財務事務次官。２０１０年7月30日―２０１２年8月17日）のときからです。勝時代は、民主党政権の時代と重なっています。

こういうことを財務官僚のほとんどが知らないので、かつて私は勝体制の異常さを警告するために『検証　財務省の近現代史　政治との戦い１５０年を読む』（光文社、２０１２年）を書きました。同書は、大蔵省・財務省が「もはや増税しかない！」と追い詰められていく歴史を描きました。

大昔の大蔵省は、実は、日本を守る愛国官庁でした。コミンテルンに蹂躙《じゅうりん》されそうな戦前の日本を守り、マッカーサーとＧＨＱに振り回されまくった日本を守り通しました。むしろ私などは、自分の心身を削り日本の為に尽くしてきた大蔵省の伝統を財務官僚に思い出してほしいと、応援しているくらいなのです。

いまのままでは「増税省」と名前を変えた方がよさそうですし。

## 安倍首相は消費増税を決行するか

安倍首相は就任2年で景気回復する予定だったのですが、消費税を8％に上げてしまったので、結局、中途半端な景気回復しかできませんでした。中途半端とはいえ景気回復しているし、他に代わる人がいないので安倍内閣は続いているけれど、何か「コレをしました」と言えるような仕事を行っているかというと、結局のところ何もできていないというのが現状です。

その安倍首相、２０１９年には消費増税をするのでしょうか。

それは、わかりません。

断言しますが、安倍首相はちゃらんぽらんな性格で、「増税をやるやる」と言いながら、やっぱり直前になって、怖くなってやめる可能性があります。

第一章の原則「カレンダーを見よ」を思い出してください。増税予定の3ヵ月前に参議院選挙です。その結果なども影響を与えることとなるでしょう。本来はお門違《かど》いですが、過去2回、増税を止めようというときには選挙が行われています。

とはいうものの、今回は安倍首相が「増税をやり抜く」と言い切り、予算にも増税分の収入を組み込んでいます。止めるのは相当に難しいと思われますが。

本章では日本の経済とそれを動かしている人々についてお話ししてきましたが、現在の日本経済を立て直すのに必要なことは何かと問われれば、その答えは簡単です。

「お札を刷れ」「増税するな」以上！

経済学の勉強が無駄であるとは申しませんが、学問的に物事を極めるのは、どの分野でも大変です。今の日本経済に必要なのは、この二言。忙しい人にとっては、これで十分です。

〈本章のまとめ〉

●日銀・財務省人事で勝つことがあらゆる政策の大前提。

●お札を刷れ！　インフレターゲットを設けて景気回復を成し遂げろ！

●増税するな！　増税は景気を破壊する。

# 第四章　日本の総理大臣は参議院選挙で決まる

## アメリカ大統領は世界最弱の権力者

本章は、第二章と第三章を踏まえた上で、お話ししましょう。「アメリカ大統領は世界最弱の権力者、日本の総理大臣より弱い」と聞くと、驚く方が多いと思います。むしろ、ここまで丁寧に読み込んでくださった方は疑問に思うかもしれません。

第二章で、世界は地政学で動いていると学びました。世界の列強は米中露三ヵ国がパワーズであり、日本など地名にすぎない。第三章では、安倍内閣は金融緩和をしているから経済が回復軌道で政権は長期化しているけど、財務省に消費増税を押し付けられて取り柄の景気回復すら緩やかにすぎないではないか。そんな日本の総理大臣よりアメリカ大統領が弱いなど、どういうことだ？　当然の疑問です。

ここで問題にしているのは、アメリカ大統領と日本の首相の権限です。トランプ大統領は権限が無いのに世界のリーダーとして振る舞い内政でも指導力を発揮しています。一方の安倍首相は権限があるのに、景気回復一つで四苦八苦している。本章では、この秘密を謎解きします。

アメリカは三権分立の国です。大統領が行政、議会が立法、裁判所が司法を担当しま

**アメリカの三権分立**

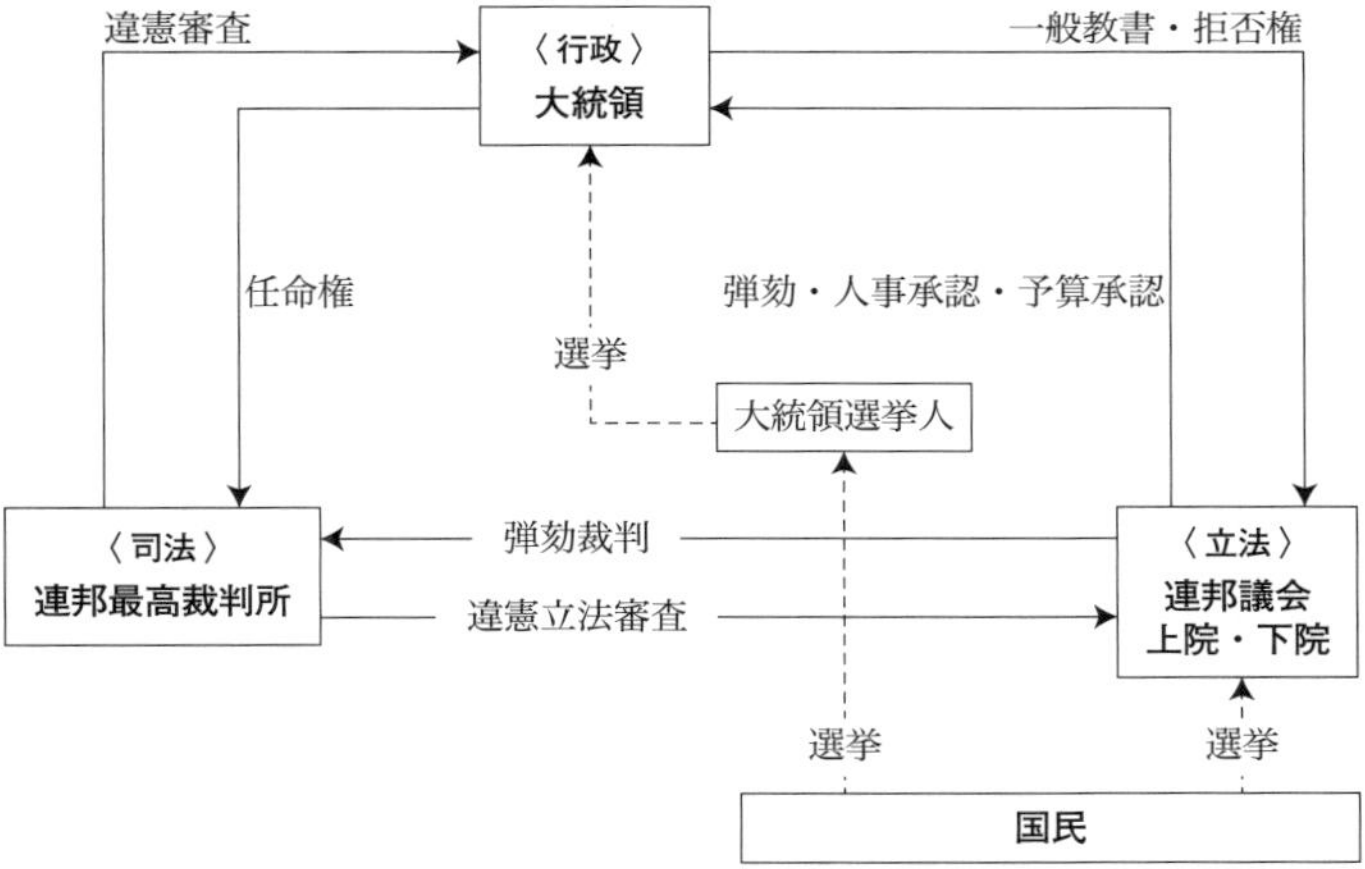


す。それを図にしました。

大統領、議会、連邦最高裁の誰が強いか、比較してみましょう。

まずは、大統領と議会です。

アメリカでは、立法権は大統領にはありません。１００％議員立法です。もし大統領が法律を作ってほしければ、「教書」と呼ばれる手紙を送るしかありません。年始に「一般教書」と呼ばれる手紙を議会に送り、大統領が読み上げるのが慣例です。「一般教書演説」です。中身は施政方針演説です。議員たちは、大統領をスタンディングオベーションで迎えます。大統領は国家元首だからです。

しかし、大統領が作ってほしい法律

を本当に作るかどうかは、議会次第です。教書は単なる「お願い」にすぎません。もし大統領の望む法律が実現できなければ、政権は死に体となります。

これが日本ならば、議会を解散できます。小泉純一郎首相の「郵政解散」を思い出してください。小泉首相が「改革の本丸」と位置付けた郵政民営化法案を、議会が否決しました。そこで小泉首相は衆議院を解散して民意を問い、多数を得ました。総選挙後の議会では、郵政民営化法案は可決されました。

アメリカ大統領は自分が不信任されることはありません。もちろん、犯罪を行った場合などは弾劾《だんがい》という制度で辞めさせられることはあります。しかし、議会の多数の支持を得ていないからと不信任案を可決されて大統領をクビになることはありません。同時に、議会を解散して議員を選び直すこともできません。

大統領の任期は4年、上下両院の選挙は2年ごとにあります。大統領選挙と重ならない年の選挙は中間選挙と呼ばれます。アメリカ大統領はやりたいことをやろうと思えば、大統領選挙に勝つのは当然で、議会の選挙でも自分の支持者を多数にしなければならないのです。

では、現在のトランプ大統領はどうかと言うと、上院では与党共和党が多数を獲得しましたが、下院では野党民主党が多数を取りました。この意味は後で解説します。

## 裁判所が最も強いアメリカ

大統領と議会の関係に戻りましょう。大統領は議会が作った法律に対し、拒否権を持っています。しかし、議会が三分の二の多数で再可決すると、法律になってしまいます。

また、人事権も議会が握っています。アメリカでは大臣ではなく長官と呼ばれますが、長官人事は議会の同意が必要です。日本だと、総理大臣には他の大臣の任免権がります。吉田茂という人に至っては「お前ムカック」の一言で大臣をクビにしましたが(広川農相罷免《ひめん》)、アメリカ大統領は任命権すらないのです。

大統領と議会の関係だと、議会の方が強いのです。権限だけ比べてみると、アメリカ大統領がいかに弱いかがおわかりでしょうか。

大統領の弱さを実感するために、裁判所とも比べてみましょう。連邦最高裁には、違憲法令審査権があります。大統領には議会に諮《はか》らず、大統領令という手段で自分のやりたいことをやる方法があります。これとて議会が大統領令を無効にする法律を作れば、意味が無いのですが。しかし、議会を味方につけたとしても、裁判所が違憲だと判断してしまえば、無効になります。

大統領が連邦最高裁にできることは、判事を任命することです。しかも、上院の同意を得なければなりません。そして、判事の任期は終身です。死ぬか本人が辞めたいと言わない限り、大統領は判事の首を切れないのです。

日本の最高裁判事の知名度など、ゼロに等しいでしょう。弁護士でも、最高裁判事15名全員の名前を言える人は、稀《まれ》です。一方、アメリカの弁護士は、判事の思想傾向を知らないと仕事になりません。ご存知の通りアメリカは訴訟社会で、何でもかんでも裁判で決着をつけます。議会は法律どうしの矛盾など気にしません。法律と法律の矛盾で困ったら、基本的には後からできた法律が優先します（後法優先の原則）。それでも解釈で揉《も》めるときは、裁判所に持ち込まれます。

だから、「アメリカ大統領にとって最大の権力は連邦最高裁判事を指名することだ」とまで言われます。ちなみに、２０１６年に当時のバラク・オバマ大統領が意中の人物を上院に拒否され、17年1月にトランプ新大統領が後任を指名、4月に承認されるまで1年以上も判事の1席が空白でした。

ところで、気づきましたでしょうか。選挙で選ばれた人たちの集まりである議会が作った法律の何が正しいかは、裁判所が決めるのです。しかも、これが日常的です。一方、議会が裁判所にできることは、弾劾裁判です。しかし、アメリカだって、裁判官はお堅い職業です。弾劾は犯罪の時くらいしかされません。いまだ連邦最高裁判事で弾劾された人は一人もいません。裁判所は日常的に議会が作った法律に介入するのに対し、議会は任命の際に根掘り葉掘り判事候補の人物像を審査するだけです。いったん任命されたら一方的な関係と思ってよいでしょう。

以上、三権分立を真面目にやっているアメリカでは、選挙で選ばれていない裁判所が最も強力になるのです。

## 賄賂が合法化されている国

さて、制度がわかったところで、実態を見ていきましょう。２０１８年11月の中間選挙で、トランプ大統領の与党である共和党は上院では多数を占めましたが、下院では過半数を割った。日本のメディアは「ねじれ状態」と書き立てましたが、トランプは平然としています。どういうことなのでしょう。

これも、アメリカ議会の制度と実態を見れば、見えてきます。上院と下院は役割が違います。おおまかに、外政が上院、内政が下院とされています。同時に、実際には上院が優越しています。

まず、立法権は上下両院対等です。予算に関しては、下院にのみ提出権がありますが、上院の同意を得なければなりません。事実上は対等です。法律も予算も上下両院のどちらかが拒否すれば成立しません。日本で予算が成立しないとなると大事ですが、アメリカでは日常茶飯事です。

議会が予算を否決してホワイトハウスの電気代が払えず、大統領官邸から人っ子一人いなくなることもあります。ちなみに、そんな時に暗がりで実習生の女子大生に〝不適切な行為〟をして世界的に話題となる大統領もいました。その名はビル・クリントン、日本では〝不倫トン〟とあだ名され、〝不適切〟が流行語となりました。

それはさておき、予算も法律も、成立しないと困ります。そうして議会が行き詰まると、実力者どうしで談合が始まり、妥協を成立させます。要するにアメリカの政治は、「議員歴ウン十年」というボス政治家たちの取引で決まるのです。大統領自身も、そのボス政治家の一人です。大統領は議会のボスに気を使い、ボスたちも大統領に拒否権を行使されないよう気を使います。

どの大統領も自らが議会内のボス政治家の一人となって、他のボスとの取引で予算や法律をまとめてきたのです。唯一の例外は、建国の祖で絶大なカリスマを誇ったジョージ・ワシントン初代大統領ただ一人です。他は全員、議会対策で神経をすり減らしました。

ついでに言うと、ボスどうしの談合では、巨額の賄賂が飛びかいます。アメリカの政治献金は確かに〝ガラス張り〟ですべてが公開されています。しかし、多くの団体（圧力団体と呼ばれます）が、あまりにも巨額な献金を共和・民主両党にばらまいているので、政治家たちは自分の支持者に逆らえないし、一般の国民の批判などどこ吹く風になります。たとえば、アメリカはいまだに市民が銃を持っても構わない国ですが、全米ライフル協会という圧力団体が多額の献金をバラまき続けているので、共和・民主両党ともに「銃を取り上げよう」という声は多数派にならないのです。さらにロビイスト法（ロビイング規制法）という法律があって、ロビイストに登録すれば自分の利益のために政治献金をバラまくことは合法なのです。

言ってしまえば、アメリカは「賄賂が合法化されている国」なのです。日本の族議員や国対政治など可愛いもので、田中角栄などアメリカ政治に放り込んだらクリーンな部類になってしまうほどです。

## 実は再選に向けて万全のトランプ

大統領は与党を抑えつつ、上下両院の支持を得なければいけませんし、野党にも気を使います。日本と違い党議拘束が無いので、共和党だから、民主党だからと一致団結して投票行動を行うわけではないので、あちこちに根回しするのです。

ここまで見てきて予算と法律では上下両院は実際には互角の力だとお分かりかと思いますが、その他では上院が優越しています。その他とは、安全保障と人事です。上院は、大統領が結んだ条約と、指名人事の権限を持っています。指名人事とは、要職の人事です。連邦最高裁判事、長官（日本の大臣）を筆頭に政府高官、大使などの外交官、高級軍人の人事です。これら全部、大統領は上院の同意を得なければならないのです。

最近の例では、ジョージ・ブッシュ大統領（子）が中間選挙に敗北した即日、イラク戦争を主導していたドナルド・ラムズフェルド国防長官が辞表を提出した例があります。ラムズフェルドと言えば6年間ブッシュ政権を支えてきた重鎮《じゅうちん》で、9・11テロ以降のアフガン戦争とイラク戦争を主導した人物です。ところが政権担当6年目の中間選挙で与党共和党が敗れた即日、ラムズフェルドは辞表を提出しました。野党多数の上院で長官続投の同意が得られないのが、目に見えていたからです。そのまま留《とど》まれば、上院に呼び出されて証人喚問を受け、野党民主党がラムズフェルドのやり方を批判してきたイラク戦争についてネチネチと意地悪な質問をされて仕事にならないのは目に見えているからです。

なお、この中間選挙の敗北によりブッシュは大統領の任期満了まで何もできず、2年後の退陣を迎えました。

アメリカ大統領は、戦争の時は独裁者並みの権限を与えられ、世界に対しリーダーシップを振るいます。外国の人にとってアメリカの内政など完全な他人事ですから、戦争の時のリーダーシップしか見えません。だから、強いリーダーのように見えます。しかし、それとて上院が「戦争権限法」という法律を可決した場合の話です。大統領が戦争を行うかどうかの決断も、上院の同意次第なのです。

以上、上院と下院のどちらが強いかと言うと、上院なのです。

さて、トランプ大統領は2018年の中間選挙で上院は勝ちましたが、下院は落としました。日本のメディアは「ねじれ議会でトランプはレイムダック」と評しましたが、トランプはどこ吹く風です。日本のメディアとトランプの、どちらが正しいのか。

トランプにとって決定的なのは、大統領選挙の時に公約した内政上の課題はあらかた片づけているのです。下院が盾突《たてつ》いてもいつものことなので切り崩せばいいわけですし、切り崩せなくても政権の致命傷にはならないのです。さらに、トランプは上院だけでなく知事選でも勝ちました。大統領選挙は州ごとに行われますが、その選挙ルールを決めるのは知事です。州ごとに選出される上院での勝利と合わせ、2年後の再選に向けて、万全の態勢を築いたとすら思っているかもしれません。

ニュースを読むには、①制度（建前）を知る、②運用（実態）を知る、の二段構えで行えば、公開情報の分析だけで世の中のことは見えてくるものなのです。

## 意外に総理大臣はオールマイティ

最低4年は続けられるアメリカ大統領と比べ、コロコロ変わる日本の総理大臣に関しては弱々しい印象を持っている人が多いと思います。しかし、我が国における総理大臣は意外にも憲法上これ以上強化しようがないぐらい強い最高権力者なのです。少なくとも制度的には。

立法・行政・司法のうち総理大臣が行うのは行政です。ところで、「司法」は裁判、「立法」は法律の制定ですが、「行政」とは何でしょうか？　答えは「裁判と立法以外のすべて」です。

国家権力の中から、裁判と立法以外のすべてを行政の範囲に含めるという考え方が「行政消極説」で、憲法学者以外のすべての法律学者がとっている立場です。「行政控除《こうじょ》説」とも言います。行政を消極的に行うという意味ではありません。積極的に「これ」と範囲を決めるのでなく、「これこれでないもの」と消去法で、つまり消極的に、範囲を決めるので「消極」です。

立法府である衆議院が行政府の長である総理大臣を決めるのが議院内閣制ですから、立法府は、当然、総理大臣の属する政党が過半数を持っています。つまり、総理大臣は行政と立法ができる。言い換えれば、裁判に干渉すること以外は何でもできるのです。

行政の中には、官庁への指揮権もあります。財政を担当する財務省も外交を担当する外務省も総理大臣は言うことを聞かせる権限があります。細かく言えば、総理大臣と個々の大臣の権限は違うのですが、大臣の任免権は総理大臣にあるので、大臣が言うことを聞かなければ罷免して言うことを聞く大臣を据《す》えて官庁に命令を出せばいいのです。

さらについでに、法学部法律学科では、「内閣総理大臣の権限と内閣の権限の違い」を延々と習います。日本国憲法では七二条で総理大臣の職権、七三条で内閣の職権が羅列されていますが、あまり気にしなくていいです。これも、「言うことを聞かない大臣はクビ」にできるからです。

警察や自衛隊にも、総理大臣は言うことを聞かせられます。警察庁長官は国務大臣ではなく官僚ですが、総理大臣に実質的な任命権があります。自衛隊は防衛大臣を通じて指揮を受けます。

裁判所だけは、行政府の長である総理大臣は介入してはいけないことになっています。なぜならば、刑事裁判は「被告人は推定無罪」の原則で行われます。被告人はどんなに偉い人でも法廷に立てば単なる私人、その被告人を犯罪者ではないかと訴える原告である検察官は行政官です。検察は警察を超える巨大権力です。その巨大権力を相手に、無罪かもしれない個人が戦わねばならないのが、刑事裁判です。刑事裁判とは原告が被告人の有罪を立証（法律用語で挙証《きょしょう》）する場なのですが、本当にその挙証が正しいかどうかを審査するのが司法権を司る裁判官です。その裁判官が行政権から独立していない、グルだとしたらどうなるでしょうか。無実の被告人が助かる方法は、裁判官の気まぐれ以外ありません。検察を指揮する総理大臣から独立しているのは、文明国としての基準なのです。

これを「司法権の独立」と言います。総理大臣だろうが誰だろうが、外部からの圧力の介入を許さず、公正に裁判を行うための制度です。だから、総理大臣は裁判にだけは介入してはいけないのです。

以上、総理大臣の権限は「裁判に介入すること以外の国家権力のすべて」です。ただし、例外があります。日本銀行です。

## 中央銀行の独立

日本銀行法（日銀法）という変な法律があります。元々はそれほどおかしな法律ではなかったのですが、1997（平成9）年に改正されました。そして、第三章でもお話しした通り、著しく独立性の高い機関となり、後にその欠陥性を露呈《ろてい》していくことになります。9人の政策決定委員は一度任命されると5年間はクビにできない、裁判官なみの身分保障がされているのです。建前は「中央銀行の独立」でした。

昔の日銀は立場が弱く、景気抑制策を採ろうとしても実力政治家が「選挙の前に何だ！　そんな日銀総裁は罷免してしまえ！」と派閥総会で言い放つと、それを漏れ聞くだけで萎縮して何もできないという体《てい》たらくでした。

固有名詞を挙げておくと、萎縮した総裁は三重野康、実力政治家は与党自民党最大派閥竹下派会長の金丸信、当時の海部俊樹首相は竹下派の傀儡でした。だから、竹下派の会長が総理大臣に「お前の権限で日銀総裁を罷免しろ」と命令すると、日銀総裁の首など一瞬で飛ぶ状態だったのです。なお、なぜ海部が総理大臣のくせにそんなに弱かったかは、後の話で。

とにもかくにも、ただのボス政治家の一言で経済政策が振り回されるのは異常です。その内容が正しかったとしても。そこで、そういうことがないようにという「中央銀行の独立」の建前で日銀法が改定されたのですが、その結果が「失われた20年」と言われる惨状です。

本来、中央銀行の独立とは、手段の独立であって、目標の独立ではありません。どのようにするのかはともかく、何をするのかは選挙で選ばれた政府に決定権があるはずです。たとえば「物価上昇率が2％になるまで金融緩和をする」と政府（当然、その長は総理大臣）が決めれば、やり方は日銀に任せられます。国債を買おうが、地方債を買おうが、いっそお札を刷って現金で一人一人の国民に配っても良いのです。ちょうど戦争の時に、政府が「どこそこの国に勝て！」「どこそこの土地を奪え！」と決めたら、具体的な戦い方は現場の軍人に任せられるのと同じです。攻撃目標の砦《とりで》を決めて右から空爆するか左から大砲を撃つかまで政治家が指示するようでは、戦争になりません。政府と日銀の関係も同じことです。

ところが、日銀は「中央銀行の独立」を最大限に悪用しました。象徴的なエピソードが残っています。

菅直人総理大臣の時、白川方明日銀総裁に「景気対策について話したい」と呼び出そうとしたら、「忙しいから」と電話15分で済まされてしまいました。

確かに菅直人は、東日本大震災での不手際《ふてぎわ》を筆頭に、多くの無能を晒《さら》しました。今でも史上最悪の総理大臣と称する人もいます。しかし、最悪の総理大臣とはいえ、日本国の最高権力者である総理大臣です。その問い合わせに応じない。それが許されるぐらいの法的根拠が日銀総裁にはあるのです。もはや、日本政府どころか日本国から独立した存在なのです。

ちなみに、戦前は統帥《とうすい》権の独立と言って、陸軍が政府の方針を無視して独走するのが日常茶飯事になっていました。その嚆矢《こうし》である有名人が、満洲事変の石原莞爾参謀です。しかし、その石原とて政府から呼び出されたら大人しく東京にやってきます。「忙しいから電話で」とはやりません。戦前はいくら統帥権の独立と言っても、総理大臣が本気で「ちょっと来い」と言えば無視できません。

このように、まるで神にでもなったかのように白川総裁は勝手気ままにしてくれました。

そんな白川を、私は、名前の音が同じでかつて天皇をしのぐ権力を握った白河法皇にちなんで「白川法王」と呼んでいます。

今は黒田総裁が安倍首相と手に手をとってがんばっていますが、第二第三の白川が現れないよう国民はしっかり注視しておく必要があります。

第三章では経済政策の面から日銀を論じましたが、彼らの経済政策を批判するだけでは意味が無くて、そんな好き勝手をできる根拠を知って的確な対処をしなければ意味が無いのです。現に、安倍首相は白川総裁の辞表を取り上げて、景気を爆上げさせました。

## 三権分立のウソ・ホント

ところで立法・行政・司法の三権ですが、私たちは小学校の高学年ぐらいから「三権分立」について習います。学校では立法・行政・司法が独立している（ことがよいことである）、と教わります。さきほどアメリカの話をしましたが、日本も同じです。

しかし、実際には文字通りの三権分立は欠陥制度です。そして、事実、主要先進国のなかで、三権分立を実行している国はアメリカぐらいなものです。そのアメリカは、大統領と議会が対立し、大統領は何もできません。内政におけるアメリカ大統領は「世界最弱の権力者」であり、民意で選ばれていない最高裁判事が一番強いのは既述の通りです。

ちなみに、アメリカのマネをして大統領を直接選挙している小国がちらほらありますが、ロクなことになっていません。中南米の独裁国などがこれにあたりますが、秘密警察を使って反対派を弾圧したり、賄賂が横行する社会で、三権分立どころではありません。裁判官が大統領に逆らうとマフィアに殺されるとか、警察と軍隊の区別がついていないので、しっちゃかめっちゃかとか。たとえば、警察しかやっちゃいけない捜査や逮捕を平然と軍隊が行うとか、警察が軍隊より強い武器を持っているので市民にも威張り散らし、それを誰も止められないとか。

これらの点に関して、さらに知りたい方は小著『総理の実力 官僚の支配　教科書には書かれていない「政治のルール」』（TAC出版、２０１５年）、『大間違いのアメリカ合衆国』（KKベストセラーズ、２０１６年）、『右も左も誤解だらけの立憲主義』（徳間書店、２０１７年）をご参照ください。

ところで、日本はどうでしょうか。三権分立していることになっているけれども、実際にはそんな気がしないのではないでしょうか。

司法はともかく、立法と行政はくっついている感があります。立法と行政がまぜこぜに見えるのは前項でも述べたように、国会議員が大臣になるからです。そして、それは悪いことではありません。

衆議院で多数を取った政党の党首が総理大臣になるので、行政と立法（衆議院）は融合しています。これによってアメリカのような恒常的なねじれ現象（大統領vs議会）を防ぐことができます。

## 衆議院と参議院、憲法上の欠陥制度

日本の場合、ねじれが問題となるのは行政と立法ではなく、同じ立法機関である衆議院と参議院です。

トランプ大統領が下院で敗れたのを指して「レイムダック」と呼んでいたのは、アメリカも日本と同じような制度と運用なのだろうと早とちりしたのでしょう。

それはさておき、内閣と衆議院および参議院の関係について、竹中治堅氏の『参議院とは何か』から引用します。

……内閣と衆議院の間には議院内閣制の関係が成立している。衆議院の多数派の支持を獲得した国会議員が首相に指名され、その首相が内閣を組織する。一方、衆議院は内閣不信任決議案を可決することができる。不信任決議案が可決された場合、内閣は衆議院を解散するか総辞職するかのいずれかを選ばなくてはならない。また、不信任決議案が可決される場合以外にも内閣は衆議院を解散できる。

では内閣と参議院の関係はどうか。むしろそれはアメリカの大統領制における行政府と議会の関係に近い。そもそも、内閣は参議院の信任に依存しておらず、参議院には内閣に総辞職を求める権限が認められていない。……一方、内閣は参議院を解散することはできず、参議院議員は六年の任期が保障されている。

竹中治堅『参議院とは何か』（中公叢書、２０１０年）

その結果、両院の優勢勢力が異なると、憲法上の欠陥によって参議院の権限が肥大化してしまい、事実上の拒否権を持ってしまいます。

また、野党議員より与党議員のほうが支持を得やすいのはもちろんですが、内閣提出法案を与党議員が支持してくれるとは限らないのが参議院です。参議院には解散がなく、総理大臣から「解散するぞ〜」と脅されることなく六年の任期を全《まっと》うできる。そのことは与党議員にも影響を与えます。与党内でも参議院がいわば自立した存在になっているのです。

では、憲法上の欠陥とは何でしょうか。

## 衆議院の優越

日本国憲法では衆議院の優越が次の四項目について定められています。

① 首班指名（第六七条）
② 予算（第六〇条）
③ 条約批准（第六一条）
④ 法律（第五九条）

「首班指名」とは総理大臣を決めることです。これは間違いなく衆議院の議決で決まります。こればかりは参議院が何を言おうが知ったことではありません。ただし、総理になったとして、何ができるかが問題です。

「予算」と「条約批准」に関しては衆議院可決後、「三十日以内に、議決しないときは、衆議院の議決を国会の議決とする」ので、衆議院が優越しています。衆議院だけで決められます。

条約に関しては、政権の死命を制するような条約は１９６０（昭和35）年の岸内閣の日米安保条約以降、ありません。あの時は時の岸信介首相が「安保に政治生命をかける」と宣言していましたので、倒閣を狙う勢力は安保条約を否決しようとしました。総理大臣が政治生命をかけると宣言した法律や条約は政局の争点になるのですが、日本国憲法で条約が争点になって内閣の命運が左右されたのは、この1回だけです。

予算は「国家の意思」であり、否決されると行政が麻痺することで内閣総辞職に至ります。４月１日までに予算が通らないと暫定予算を組んで対応しなければなりませんが、最大でも１週間ほどで収拾しています。

問題は法律です。法案は衆議院が可決した後、「六十日以内に、議決しないときは、衆議院は、参議院がその法律案を否決したものとみなすことができる」となっています。議決までの猶予《ゆうよ》日数が長い上に、「議決しないときは否決」です。こちらは、参議院の同意が必要です。一応、参議院で否決・修正されても、衆議院が「出席議員の三分の二以上の多数で再び可決したときは、法律とな」りますが、与党が三分の二の議席を押さえていない限り、これだけの賛成を得るというのは大変に難しいことです。

憲法上定められている「〇〇日以内に」というのも国会運営上重要です。参議院が採決してくれない場合、60日経たないと衆議院は再可決できません。参議院が法案を否決も修正もせずに放置することを「吊《つ》るす」といいますが、与野党の駆け引きによく使われる方法です。会期の残り日数が少なければ、これによって参議院は法案を握りつぶすことができるのです。

そして、ねじれ国会で苦しんだのは、特例公債法という法律でした。

予算案そのものについては衆議院が優越しています。ところが、現在、日本の国家予算の半分は借金から成っています。それで、特例公債法という法律をつい最近まで、毎年、通し続けていました。これは「予算」ではなく「法律」です。

## 「ねじれ国会」の問題点

第一次安倍内閣が参議院選挙で敗北し、ねじれ国会が到来しました。続く福田康夫、麻生太郎の内閣は約1年で退陣に追い込まれました。こうして民主党は自民党を追い詰めて下野《げや》させ、政権を奪取します。ところが参議院選挙で敗北すると、今度は自分たちがねじれ国会に苦しみます。

２０１０年の参議院選挙の前に鳩山由紀夫内閣は予算と特例公債法を通して退陣していました。代わった菅直人内閣は政権に居座ったのは良いのですが、翌２０１１年の国会で苦しみます。予算は衆議院の優越で乗り切りましたが、特例公債法案は参議院の反対で通りません。結局、自分が退陣するとの約束で通してもらいました。野田佳彦内閣が迎えた２０１２年の国会は目も当てられず、一年中国会を開いていて、唯一決まったのが消費増税という体たらくです。結局、10月の臨時国会で特例公債法を政争の具にしないことを与野党で約束し、衆議院を解散しました。民主党が下野して、安倍晋三自民党総裁が首相に返り咲きます。安倍首相は参議院選挙に勝利したのみならず、特例公債法を与野党合意に基づいて改正しました。

改正特例公債法によって、状況は多少改善しました。２０１２年度法案は２０１２〜15年度までの４年分の予算について認め、２０１６年には２０１６〜20年度の５年間、赤字国債を発行できるようにしたのです。それ以後、毎年法案を審議しなくてもよくなりましたので、政争の具になることなく、安定しています。が、節目節目で、いちいち法律を通さなければならないことに変わりはありません。

このように「法案」に関しては衆議院と参議院は、ほぼ同じ権限を持ち、事実上、両院で可決されなければならないのです。

特に「ねじれ国会」では、予算関連法案が通りにくくなります。これは予算が通らないのと、事実上、同じことです。第一章で予算は国家の意思と述べましたが、予算が通らなかったら政府は何もできません。

また、その他の法案も同様に通しにくくなるので、国政が麻痺してしまいます。

ところで、なぜ、衆議院と参議院はねじれるのでしょうか？

その原因は衆議院と参議院の選挙を別々に行うからです。

小堀眞裕『国会改造論　憲法・選挙制度・ねじれ』（文藝春秋、２０１３年）によると、二院制で、同日選挙を行わないのは日本だけだそうです。二院制でも、イギリスの貴族院やドイツの連邦参議院などは構成員が選挙で選ばれない国はともかく、アメリカやイタリアなど両院議員を国民が直接選挙で選ぶ国は同日選挙がふつうです。

それでも、アメリカでは先に触れたように大統領と議会のねじれが問題になるわけです。一方、フランスの大統領は強いです。以前は大統領と議会多数派（および、そこで選ばれる首相）の政党が異なってコアビタシオンと呼ばれるねじれを起こしていましたが、２００２年以降は大統領選挙と国民議会選挙の年を同じくし、ねじれは起こらなくなりました。

日本では、90年代に入るまでは、衆議院だろうが参議院だろうが、いつも自民党が過半数を占めていたので、ねじれが起こることがありませんでした。そのため問題が表面化しませんでしたが、民選の二院制でバラバラに選挙を行うということは、わざわざねじれを起こしているようなものです。制度あるいはその運用として、日銀法と同様の欠陥品です。二院制の意味は、そのねじれにこそあるという考え方もありますが、ねじれが国政を麻痺させるようでは困ります。問題を緩和させるべく同日選挙を行うか、両院間の調整手段を考える必要があるでしょう。

## 日本の政治を左右する参議院

とにかく今の制度では、国政を行うには、衆議院はもちろん参議院でも優勢を保っておかなければなりません。総理大臣は、衆議院選挙に勝たねばその地位に就《つ》けませんが、参議院選挙にも勝たねばその地位を維持できないのです。

衆参ねじれ国会では、前述のように政治決定ができなくなります。したがって、自民党的に大事なのは、一に総裁選挙、二に参議院選挙、三が衆議院選挙です。

意外でしょうか。自民党が参議院選挙でも常に勝てる時代は2位が衆議院選挙で3位が参議院選挙だったのですが、意味が違います。また、第一章で述べたように、自民党政治において政権交代は参議院選挙で起きるのです。参議院の重要性が高まっています。

元来、衆議院が最も大事なのですが、政治を行う上で、衆議院で勝ち与党となることは大前提ですし、自民党としては勝って当たり前というところがあります。それで、衆議院選挙は総裁選挙のオマケか前提のようなものとして第3位。繰り返しますが、これは自民党を脅かす野党がいた場合は一気に1位に上がります。逆に自民党総裁選は3位に滑り落ちます。細川護煕連立政権や鳩山由紀夫民主党政権に衆議院選挙で負けた後の自民党総裁選挙の盛り上がらなかったこと。

普段の総裁選は総理大臣を決める選挙ですから、派閥の動きは激しく、実弾（カネ）

がバラまかれ、脅迫、懐柔、飲ませ食わせ抱かせと何でもアリです。地方から上京する議員をホテルに閉じ込めて敵対派閥に接触させないようにするなど基本です。ところが、その2つの総裁選挙では、良くも悪くも全く盛り上がりませんでした。

ちなみに結果です。

1993（平成5）年　自民党総裁選挙
河野洋平　208
渡辺美智雄　159

2009（平成21）年　自民党総裁選挙
谷垣禎一　300
河野太郎　144
西村康稔　54

河野、谷垣両総裁とも総理大臣になれずに引退しました。実力者が軒並み野党党首になることを避けたのです。河野の後の橋本龍太郎、谷垣の後の安倍晋三は野党総裁になる選挙に出馬していません。

話を戻します。自民党内派閥の力学を考えても、日本の政治を左右する要素として参議院は重要です。

衆議院議員は基本的に個人後援会という自前の組織の力で選挙に当選してきます。1990年代以降、小選挙区比例代表並立制になりましたが、それ以前は衆議院議員全員が自力当選でした。

これに対して、参議院議員は派閥の力で当選させる人がほとんどです。参議院議員も後援会を持っていますが、参議院の地方選挙区は各都道府県全域と広く、自前の後援会の組織力だけではとても当選できません。地方議会議員ほかの有力者、派閥の後ろ盾がどうしても必要なのです。そのため参議院の地方選挙区からは地方議会議員や議員秘書として功労のあった人の上がりポストとして、派閥有力者の推薦を受けた候補者が出てくることが多いのです。

また、比例区の名簿は党の幹事長が決めますから、幹事長を出す派閥が自派の参議院議員を増やしやすくなります。名簿に載せてくれなければ当選できません。各派閥の領袖《りょうしゅう》は、選挙の前になると自分の派閥の候補を名簿に載せてもらうよう、幹事長に陳情に行く関係です。

いずれにしても、比例の候補は派閥に従わざるをえません。強い派閥がますます強くなる理屈です。

それで、自力当選の衆議院議員より派閥の力で当選させてもらう参議院議員のほうが派閥に対する忠誠心が強くなります。衆議院議員は派閥を移ったり、造反したりしますが、参議院での造反は稀で、総裁選での票としても、より当てになります。

しかし、総裁選では衆議院議員も参議院議員も同じ一票。差別はありません。つまり、自民党の派閥争いを制し、総裁選に勝ち、総理大臣になるのは、参議院を押さえている派閥ということになるのです。

## ルールを熟知していた田中角栄

自力で当選して逞《たくま》しいがゆえに、いつ裏切るかわからない衆議院議員。自力で当選できないから忠誠心が高い参議院議員。派閥を培養するとしたら、どちらを選ぶか。佐藤栄作、田中角栄、竹下登、小泉純一郎は長期にわたり権力を握った総理大臣です。そのすべてが参議院を重視しました。

ちなみに、芸能人やスポーツ選手などの有名人が出馬するのはたいてい参議院の比例区です。衆議院にも比例区がありますが有名人が少ないのは、衆議院では政党の名前しか書けないからです。参議院では当選させたい候補者の名前も書けるので、有名人による集票効果が高いと考えられています。衆議院でも、有名人が立候補した党ということで、イメージアップにつながるという面はあるかもしれませんが、直接の効果が薄いということなのでしょう。

最後に身も蓋《ふた》も無い話をします。田中角栄という人は、恐ろしく合理主義者でした。「政治は力、力は数、数は金」を信条としていました。数とは、自民党国会議員のことです。もっとも当選しやすい候補として、衆議院は二世議員を重視しました。先代からの後援会をそのまま引き継げば、大抵は当選します。世襲《せしゅう》議員が大量に増えた元凶です。参議院の地方区は田舎の県議や知事上がり、比例区は圧力団体の代表とタレントです。票か知名度があればいい。そして当選すれば、「投票の時に賛成と反対を間違えなければいい」です。つまり、「親分が右むけば右、左と言えば左」という議員を大量生産することを目的とし、実行したのです。

これが良いとはとても思えませんが、田中角栄が日本政治のルールを熟知していたことは、おわかりでしょう。

## 総理総裁を決める自民党の派閥

以上、参議院が国政のシステム上、非常に重要であること、そして、自民党を構成する派閥を統率する上でも大事な鍵であるということがわかっていただけたと思います。次はこの派閥について、もう少し詳しくお話ししましょう。

派閥、その大小優劣で総理・総裁が決まります。

総理大臣は衆議院議員の過半数の支持を得た人がなるのですが、1955年以降、ほとんどの時期において自民党が国会の過半数を占めていますので、事実上、自民党総裁が総理大臣です。

まれに自民党が下野することもありました。また、自民党が社会党と連合政権を組んでいたとき、自民党よりはるかに議席の少ない社会党の党首を首相にしたこともありました。しかし、それ以外はほとんどすべての国政選挙で自民党が最大議席を獲得しているので、ずっと自民党総裁が首相になってきました。

では、その自民党総裁はどうやって決めるのでしょうか？

いちおう総裁選挙があります。昔は派閥の談合で決まり、選挙はほぼ形式的なものでした。今は派閥の拘束力が弱まっていますが、派閥の力関係で総裁が決まることには変わりありません。
現在の自民党には大きく分けて七つの派閥があります。そして、無派閥が73人もいます。

**自民党の七大派閥**（日本経済新聞2018年8月12日より）

第一派閥　細田派（安倍）、94人
第二派閥　麻生派、59人
第三派閥　竹下派、55人（参院側21人、衆院側34人）
第四派閥　岸田派、48人
第五派閥　二階派、44人
第六派閥　石破派、20人
第七派閥　石原派、12人
無派閥、73人

派閥とは領袖（ボス）を総理総裁にすることを目的とした集団です。ただ、議員一人ひとりにとって一番大事なことは選挙で当選することです。落選だけはしたくない。ボスが強ければ、選挙で勝ちやすい。そして、最も強いボスは総裁総理なのです。あるいは選挙で直接の公認権を握る幹事長派閥です。いずれにしても権力を握る主流派に、少しでも強い派閥にすり寄りたいのが議員心理です。

つまり、彼らにとって派閥の領袖とは自分を選挙に勝たせてくれる人なのです。そういう関係にあるので、右や左といった思想が正反対の人々が同じ派閥に入っていたりします。

昔の田中角栄派にはハト派の大鷹（山口）淑子とタカ派の源田実が入っていました。また、宮澤喜一派では後継者争いで加藤紘一に破れた河野洋平が別グループを作るとき、多くのタカ派議員が河野と行動をともにしました。河野洋平と言えば、従軍慰安婦の存在について認めるような河野談話を出したことで有名なハト派ですが、河野についていった議員にはネトウヨに人気の麻生太郎が含まれます。派閥の変遷《へんせん》については系図を参照してください。

現在の派閥では、一般的に細田派、麻生派、二階派はタカ派、岸田派はハト派とみな

## 自民党の派閥（系図）

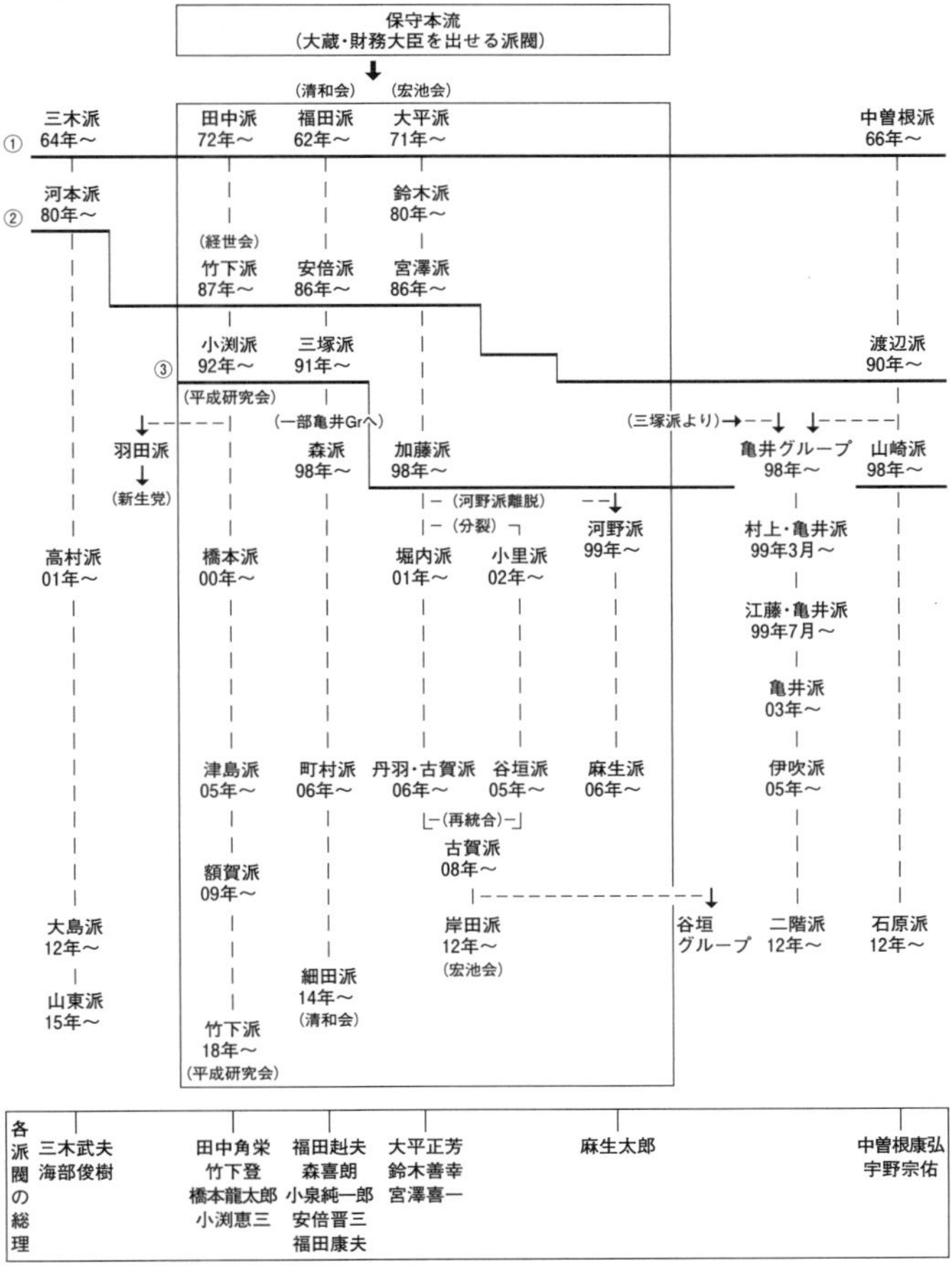


太線①②③：線上の政治家は同世代

＊著者作成

されていることが多いですが、それぞれの派閥中にタカ派議員もハト派議員もいます。しかし、これもいい加減で、確かに二階派にはタカ派議員が多いですが、領袖の二階俊博その人は自他ともに認める親中派、ハト派です。最近はタカとかハトと言わず、保守・リベラルと呼ぶようですが、いずれにしても自民党の派閥を思想で区分するなどナンセンスです。

それはそうと、自民党の派閥は自ら〈派閥〉を名乗り、「経世会」「清和会」「宏池会」などと名前をつけています。領袖の名前をとって○○グループなどと呼ぶ場合もあります。今も谷垣グループというものがありますが、小さいので前ページの表では無派閥に入っています。

## 野党に勝つより大事な派閥の人数

２０１８年秋に自民党総裁選がありました。新聞、テレビほかのメディアでは「○○派と△△派が××支持なので……」などと報道されました。とても大事なはずの派閥ですが、自民党のホームページの議員情報には、なぜか所属派閥など書いてありません。重要な議員情報のひとつだと思うのですが。「書いていないこと（言っていないこと）が実は大事」の好例かもしれません。

総裁選には派閥の領袖が立候補することが多いですが、派閥のナンバー・ツーあたりが出てくることもあります。たいていは、ナンバー・ワンより若くて人気がある人です。

自民党総裁選挙は、事前に派閥ごとに誰に票を入れるか決めるので、該当派閥の人数を足し算すれば、だいたいの結果予想ができます。

もっとも、国会議員票と党員票がありますし、現在の国会議員のうち「無派閥」が実は多く隠れ第二派閥と言ってもいいぐらいですから、最終的な数値まで正確に予想することは難しいですが、フタを開けてみなければ勝敗がわからないなどというケースは少ないのです。

もっとも、派閥が特定候補者に決めず「好きな人に投票していいよ」と言うこともあるので、その場合は不確実性が増します。また、無記名投票なので、派閥が決めた通りに投票しない人も出てきます。

総裁選で勝つには、大派閥の領袖であったほうが基本的に有利ですが、弱小派閥から選ばれることもあります。大派閥同士がガチンコで喧嘩《けんか》したくないときに、当たり障《さわ》りのない人が選ばれるというケースも過去にありました。

いずれにしても、派閥の力関係で総裁は決まります。そのためには国政選挙で勝たなければなりません。国政選挙で自派の議員数を増やし、総裁選に勝って、総理大臣になる。国政選挙のときニュースなどでは○○党が勝った負けたと騒がれますが、派閥の領袖にとっては、弱小野党が相手というよりは、むしろ自分の派閥の議員を増やす戦いなのです。弱い派閥は次の選挙で頑張るしかありません。

## 誰も安倍を引きずりおろせない

ですから、2018年の総裁選、安倍晋三vs石破茂の戦いなど、最初から勝負は決まっていたのです。本人たちの派閥である細田（安倍）派は94人、石破派は20人。94が20と票集めをして負けたら天変地異です。しかも、石破派の味方は参議院竹下派21人のみ。他の全派閥が、竹下派も衆議院議員は、すべて安倍支持を表明しました。

ところが、当初予測された大惨敗よりはるかに多くの票を獲得しました。日本中の誰もが安倍首相が自分を批判してきた石破氏を嫌い、干し上げて政治生命を奪おうとしていたのを知っていました。総裁選後の内閣改造では石破派は大臣ゼロではないかとの予想も出ました。

10月2日の内閣改造人事では石破派からも1人が入閣しました。もっとも、日本経済新聞10月3日朝刊記事のように「石破派から入閣したのは当選3回の山下貴司法相だ

**2018年９月20日　自民党総裁選における得票数**

| | 国会議員票 | 地方票（党員票） | 合計 |
|---|---|---|---|
| 安倍晋三 | 329 | 224 | 553 |
| 石破茂 | 73 | 181 | 254 |

（数値は日本経済新聞2018年９月21日朝刊より）

け。幹部ではなく若手を起用したのは同派内に不協和音を生じさせたいとの思惑も透ける」というのが本当でしょうが、石破派からの入閣ゼロに追い込めなかったのも確かです。

安倍首相は一強です。再び法則を思い出してください。

日銀が金融緩和をする↓株価が上がる↓支持率が上がる↓選挙に勝てる↓誰も引きずりおろせない

この中で、選挙とは衆議院選挙と参議院選挙です。そして、自民党の議員は自分たちを当選させてくれる人に総裁選で投票します。安倍首相の経済政策は当たるので国民の支持率は高い。ならば安倍首相を旗印に選挙を戦えば、自分たちは当選できます。そう考えるのが自民党議員心理で、派閥の領袖は真っ先に主流派入りを考えます。

安倍政権は、発足以来、麻生派と二階派を味方につけ、三派で主流派を組んできました。派閥の数字を見ればわかる通り、この三派が組んだだけで自民党のほぼ過半数です。無派閥の中にも安倍支持者がいるので、過半数は軽く超えます。他の派閥は全員が結束してもかなわないのです。

安倍首相としては、麻生・二階の二人と組んでいれば誰にも引きずりおろされないので、長期政権を築いてきました。しかし、それで何ができたかは別問題ですが。

## 無党派層で選挙が決まる

派閥間の調整のほか、今の自民党が選挙に勝つためには「風」の力が必要です。「風」とは無党派の動向です。

五五年体制下にあった昔の国政選挙は、今以上に自民党が強く、多少の失政があっても常に自民党が圧勝していました。第二党は社会党でしたが、「非武装中立」などと非現実的なことを言っていた党です。非武装は属国（中立はありえない）、中立国は重武装と相場が決まっています。「非武装中立」など、ほとんど語義矛盾です。

そんなとんでもない党が第二党ですから、「まさか社会党に政権を渡すわけにはいかない」と、結局、多くの人が自民党に票を入れたものです。自民党に票を入れたくない人は投票しませんでした。自民党か社会党かではなく、自民党か、票を入れないかという、実質的に自民党一択の世の中でした。

元プロ野球選手・監督の長嶋茂雄は自民党支持者で、1961（昭和36）年10月3日の朝日新聞朝刊でのインタビュー記事で「社会党の天下になったら、野球、野球っていってられるかどうか、分かりませんからねェ」と答えています。中曽根元総理とも懇意《こんい》だったようです。日本人の多数派の本音だったのです。

ちなみに、このインタビューは高度経済成長期でした。頑張って働けば月給が二倍になる時代ですから、政治など関心を持たなくても良かった時代です。「まさか社会党に政権を渡すわけにはいかない」という時代だったのです。

しかし、そんな時代も昭和40年代で終わりです。

自民党は政策の良し悪しにかかわらず選挙で勝てるのですから、政治家は無限大に腐敗していきました。

そして、ついに1976（昭和51）年、ロッキード事件が起こります。アメリカの航空機製造会社ロッキード社からの旅客機購入に際して収賄があったとして、田中角栄元首相ほか政財界の大物が逮捕されました。

この事件以降、自民党から支持者が離れ、かといって「まさか社会党に……」というわけで、どんどん無党派層が増えていったのです。自民党に不満はあるけれども、社会党に政権担当能力はない。だから政治そのものに不満を持つという層です。

| | | | |
|---|---|---|---|
| 第42回 | 平成12<br>2000 | 森→森 | 自民党への逆風。<br>自民党が与党を確保も前回より議席減。このときの森首相の失言「無党派層は選挙に行かないで寝ていてくれ」に「逆風が吹かなければ負けない」という本音が表れている。 |
| 第43回 | 平成15<br>2003 | 小泉→小泉 | 自民党への順風。<br>小泉ブームで大勝。 |
| 第44回 | 平成17<br>2005 | 小泉→小泉 | 自民党への順風。<br>296議席獲得し、史上最高の大勝。小泉チルドレン誕生。 |
| **第45回** | 平成21<br>2009 | 麻生→鳩山 | 自民党への大逆風。<br>民主党に大敗して野党に転落。このとき民主党が獲得した308議席は単一政党の獲得議席として現憲法下最高。 |
| 第46回 | 平成24<br>2012 | 野田→安倍 | 自民党への順風。<br>民主党は離党者が相次ぎ、新政党が乱立。野田は党内の反対を押し切って選挙に臨むも、案の定大敗。民主、再び野党に転落。 |
| 第47回 | 平成26<br>2014 | 安倍→安倍 | 自民党への順風（無風に近い）。<br>消費税10％への増税延期の是非を問うた。与党を確保するも、共産党が躍進。 |
| 第48回 | 平成29<br>2017 | 安倍→安倍 | 風の向きが突如変わり自民党への順風。<br>選挙権18歳以上に。選挙直前に希望の党、立憲民主党が結成。自民の議席数は不変。立憲民主が躍進。風向きが変わり、希望の党は不発に終わる。 |

＊著者作成

**風（無党派の動向）で決まる国政選挙（太字の回、自民党下野）**

| 衆議院選挙 | 年 | 選挙前内閣<br>→後継内閣 | 概要 |
|---|---|---|---|
| 第34回 | 昭和51<br>1976 | 三木→福田 | 自民党への逆風。<br>ロッキード事件と三木おろしへの反感が高まり自民党が大敗。新自由クラブ結党直後にして17議席。 |
| 第35回 | 昭和54<br>1979 | 大平→大平 | 自民党への逆風。<br>一般消費税導入を訴えて自民大敗。与野党伯仲国会になる。消費税導入断念。 |
| 第36回 | 昭和55<br>1980 | 大平→鈴木 | 自民党への順風。<br>選挙戦中に大平総理が急逝したことにより、同情票で自民大勝。初の衆参同日選挙。 |
| 第37回 | 昭和58<br>1983 | 中曽根<br>→中曽根 | 自民党への逆風。<br>田中角栄有罪判決で自民大敗。伯仲国会で新自由クラブと連立。55年体制唯一の連立政権。 |
| 第38回 | 昭和61<br>1986 | 中曽根<br>→中曽根 | 自民党への順風。<br>衆参同日選挙を断行して自民大勝。 |
| 第39回 | 平成２<br>1990 | 海部→海部 | 自民党への順風（逆風を止める）<br>「自由民主主義政権か、社会主義政権か」「体制選択選挙だ！」と煽り、自民党は議席を減らしたものの安定多数を獲得。 |
| **第40回** | 平成５<br>1993 | 宮澤→細川 | 自民党への逆風。<br>小沢一郎が自民党を離党して新生党を結成。日本新党も躍進し、新党ブームにより自民党は大敗、政権を失う。55年体制崩壊。 |
| 第41回 | 平成８<br>1996 | 橋本→橋本 | 無風（事実上は自民党への順風）。<br>自民党は与党を確保。 |

## 結局実現しない二大政党制

見ての通り、昭和51年以降の国政選挙は、無党派層を味方につけたほうが勝つようになりました。無党派が動かなければ、自民党が勝ちます。

とはいえ、メディアなどで、「自民大敗」などとデカデカと書かれても、たいていは票を減らしたというだけで、下野にまでは至りません。

自民党が政権を奪われたことが2回（前ページ表の太字：第40回と第45回衆議院選挙）ありますが、1回目（1993年）は自民党が過半数割れしたものの、単独政党としては第一党でした。他党が野合《やごう》して与党化したのです。

2回目（2009年）は麻生政権の失政を受けて自民党が大幅に議席を減らし、民主党に第一党を奪われてしまいましたので、文字通り大敗でした。「やっと自民党以外に投票する党ができた」と国民は喜んで民主党に投票しました。

ついに、二大政党制誕生か!?

と思ったのもつかの間、民主党の悪夢の三年間を経て、次の2012年の衆議院選挙では再び自民党が第一党に返り咲きました。民主党は史上最大の第一党だったのに、あっという間に小党に転落しました。その民主党はまもなく空中分解してしまい、結局、二大政党制が実現することはありませんでした。

いつのまにか社会党は消え……。いや、いちおう、「社会民主党」と名前を変えてかろうじて残っているようですが、ほとんど消えました。

ニュー野党はといえば、社会党よりマシなのかもしれないけれど、「まさか○○党に……」と言いたくなる現状は相変わらず。なにより、コロコロ変わるから名前を覚えているヒマがありません。立憲民主党と国民民主党など、何人の国民が区別をつけられるか。

自民党は分裂したり、また戻ったりしながら、与党であり続けています。名前を変えずに残っているだけ他党よりは強固とも言えますが、間違いなく弱体化しています。

## 安倍一強も砂上の一強

安倍一強などと言われ、世間の人はもう忘れているかもしれませんが、２０１７年７月の東京都議会選挙を思い出してください。小池百合子都知事が長を務める都民ファーストの会が躍進し、小池旋風などと騒がれました。あのときの一人区を見ると自民党は悲惨です。一人区は７つありますが、小池新党が６勝１敗なのです。つまり、島嶼《とうしょ》部のような、にわかに候補者を立てられなかったところ以外は都民ファースト全勝です。

一人区のようにこういった人口の少ない田舎では知り合いの知り合いの……と組織化しやすく、票を取れるはずなのですが、そんなところでも無党派を味方につける政党に負けてしまった。今や、それぐらい自民党の基盤が失われているのです。

自民党が弱体化しているのと裏腹に、組織がしっかりしているのが創価学会です。その創価学会が、このときの都議選では自民党の味方につきませんでした。そうなると自民党は勝てない。

ですから安倍総理は強いと言われても砂上《さじょう》の一強にすぎません。

安倍首相の強さは、日銀人事で勝ち、あらゆる国政選挙、とりわけ参議院選挙に勝っていることにあります。

国政では組織力を持つ創価学会が支持する公明党と連立を組み、アベノミクスによる景気回復で無党派層を引き付けているから高い支持率を保っているのです。

増税したり、創価学会を敵に回したりしたら、砂上の安倍さんは、いったいどうなるのでしょうか？

別に安倍さんがどうなろうと代わりの人がしっかりやればいいのですが、適当な人が見当たりません。

次章では日本の進路を本当に決めているのは誰なのか、政治・経済の闇に迫っていきます。

〈本章のまとめ〉

●重要すぎる参議院は欠陥制度。

●自民党総裁そして総理大臣は派閥の力学で決まる。

●創価学会と無党派層をつかむ風が頼りの自民党。安倍政権は砂上の一強。

# 第五章　国民の未来は官僚が決めている

## 小泉進次郎は総理大臣になれる？

小泉進次郎衆議院議員が、将来の総理大臣候補であることを否定する人はいないでしょう。好き嫌いはともかく、衆目一致するところです。

では、なぜ進次郎氏は総理大臣候補なのでしょうか？

若いから？ イケメンだから？ テレビによく映るから？ カリスマと呼ばれた総理大臣だった父の後継者だから？

全部違います。若さには賞味期限がありますし、イケメンとかテレビによく映るなど、むしろ嫉妬《しっと》の理由にしかなりません。まさに父・純一郎氏が現役時代に口癖のようにつぶやいて戒めていたように、「政界は嫉妬の海」なのです。また、親族の地盤を継いだ議員を世襲議員と呼びますが、親の地盤を継いだだけで総理大臣候補なら、自民党の国会議員の3割が総理大臣候補になってしまいます。今や世襲議員は、2〜3割を占めるのです。

ちなみに進次郎氏は、四世議員です。父は言わずと知れた純一郎、祖父は防衛庁長官だった純也、曾祖父は戦前の濱口雄幸内閣で逓信《ていしん》大臣を務めていた又次郎。背中に入れ墨を入れていたので「入れ墨大臣」と呼ばれました。さらにちなみに、又次郎・純也の二人とも、戦時中に東条英機に抗した気骨《きこつ》の代議士です。純一郎氏の喧嘩の強さは知られていましたが、小泉家の血と言えるでしょう。

それはさておき、小泉進次郎氏がなぜ将来の総理大臣候補と言われるのか？　これ以上ないほど平凡に答えます。着実に経験を積んでいるからです。では、その経験とは何でしょうか？

## 総理大臣になる三つの条件

少し進次郎氏から離れて、自民党のルールを学んでみましょう。

かつて、自民党で総理大臣になるには、三つの条件があると言われました。

一、自分の派閥を持つこと。

二、党三役を最低二回は経験すること。特に幹事長。

三、主要閣僚を最低二回は経験すること。特に大蔵大臣（財務大臣）。

自民党三役とは、幹事長の他に政調会長と総務会長。この三つが何をする仕事かは、後にします。

主要閣僚とは、大蔵大臣の他に外務大臣と通産大臣（経済産業大臣）で、内閣の番頭役である官房長官も主要閣僚とされるようになっていきました。

現在の派閥の源流は、「三角大福中」に遡《さかのぼ》ります。三角大福とは、１９７２（昭和47）年の自民党総裁選で争った、三木武夫・田中角栄・大平正芳・福田赳夫の四人のこと。これに中曽根康弘を加えて、三角大福中です。この5人は、それぞれが総理大臣になりました。１９７２年からの15年は、この5人の派閥抗争で日本は動きました（振り回されたとも言いますが）。

では、総理大臣になる条件を、歴史を追いながら説明しましょう。まずは、三角大福中のキャリアパスです。５人の並びは、次ページの表は左から総理になった順です。

角大福の３人は、三役も主要閣僚もパーフェクトです。見事に幹事長と大蔵大臣、それに他の主要閣僚と三役を経験しています。三木と中曽根は大蔵大臣を経験しておらず主要閣僚の点で少し見劣りしますが、それでも要職を歴任しています。

この5人は、全員が派閥の創業者です。三木武夫は戦前に当選の最古参の議員で、常に少数派閥を率いて政界を渡り歩いたので「バルカン政治家」と呼ばれました。その壮絶な生き様は、小著『政争家・三木武夫　田中角栄を殺した男』（講談社、２０１６年）をどうぞ。

| | 田中角栄 | 三木武夫 | 福田赳夫 | 大平正芳 | 中曽根康弘 |
|---|---|---|---|---|---|
| 自民党三役 | 幹事長<br>政調会長 | 幹事長<br>政調会長 | 幹事長<br>政調会長 | 幹事長<br>政調会長 | 幹事長<br>総務会長 |
| 主要閣僚 | 大蔵大臣<br>通産大臣 | 外務大臣<br>通産大臣 | 大蔵大臣<br>外務大臣 | 大蔵大臣<br>外務大臣<br>通産大臣 | 通産大臣 |

田中角栄と大平正芳は、クーデターで派閥を奪いました。それぞれ、田中は佐藤栄作派の大半を引き連れて自分の派閥を立ち上げ、大平は前尾繁三郎から派閥の領袖の地位を奪いました。

福田赳夫と中曽根康弘は、所属した派閥が分裂した際に自分の派閥を立ち上げました。岸信介が自分の派閥を解散した際に福田は自分の派閥を立ち上げ、河野一郎が死去した後に中曽根も自派を結成しました。ちなみに福田も中曽根も、それぞれ岸派・河野派の若手を引き連れて自派を結成しています。

そもそも派閥とは、総理大臣になりたい親分がいて、子分を養います。養うとは、国会議員に当選させるべく資金その他の面倒を見る、国会議員としてやっていくための資金その他の面倒を見る、大臣その他役職に就けるように面倒を見る、です。面倒見がいい派閥だと、スキャンダルをもみ消してくれたり、身内の揉め事を処理してくれたり、借金の肩代わりをしてくれたり、などなどのオプションもあるようです。

それはともかく、国会議員と言えば、選挙で自分の名前を何万人もの人に書いてもらって当選してきた、一国一城の主《あるじ》なのです。その人たちを従えるのは大変なことなのです。「親分の○○を総理大臣にするぞ」と集まるのが派閥ですが、ではその親分の後継者がすんなり決まるかというと、そんなことはありません。世代交代の際には、領袖と同世代、つまり新領袖より年上の代議士は、「あんな奴に従えるか」と派閥を集団で出ていくのが常だったのです。最初から派閥の創業者で誰の子分でもなかった三木はともかく、田中・福田・大平・中曽根はその面での苦労を乗り越えているのです。乗り越えただけに派閥の領袖に居座りなかなかバトンタッチしなかったので、次の世代に領袖となる人たちも苦労したのです。

## 総理になれなかった安倍晋太郎

三角大福中の次の世代の実力者は、河本敏夫・竹下登・宮澤喜一・安倍晋太郎・渡辺美智雄です。この中で、竹下と宮澤だけが首相になれました。

5人のキャリアパスは左の表のようになります。

奇《く》しくも、ニューリーダーと言われたこの世代で総理の座を射止めた竹下と宮澤の二人は官房長官を経験しています。安倍も含めて三人は「安竹宮」と称されましたが、派閥の領袖が首相にある間、官房長官を務めることで将来の領袖だと認知されたのです。

| | 田中角栄<br>↓<br>**竹下登** | 三木武夫<br>↓<br>**河本敏夫** | 福田赳夫<br>↓<br>**安倍晋太郎** | 大平正芳<br>↓<br>（鈴木善幸）<br>↓<br>**宮澤喜一** | 中曽根康弘<br>↓<br>**渡辺美智雄** |
|---|---|---|---|---|---|
| 自民党三役 | 幹事長 | 政調会長 | 幹事長<br>政調会長<br>総務会長 | 総務会長 | 政調会長 |
| 主要閣僚 | 大蔵大臣 | 通産大臣 | 外務大臣<br>通産大臣 | 大蔵大臣<br>外務大臣<br>通産大臣 | 大蔵大臣<br>外務大臣<br>通産大臣 |
| 官邸 | 官房長官 | | 官房長官 | 官房長官 | |

ただ、三人の派閥継承は簡単ではありませんでした。

竹下は初入閣が佐藤栄作内閣の官房長官、その佐藤からクーデターで派閥を強奪して首相の地位に登った田中角栄の内閣でも官房長官を務めました。そして、田中派の大半を引き連れて自分の派閥を立ち上げます。竹下はここに書いてある以外で日の当たるポストは唯一建設大臣を務めただけで、目立たないポストばかり務めました。しかし、その間に自分の支持者を増やし、官房長官・大蔵大臣・幹事長と権力の要となるポストだけは経験し、自分の力を蓄えてから、満を持して田中派を乗っ取ったのです。

安倍晋太郎は早くからニューリーダーと目され、三役を全部、主要閣僚も蔵相を除けば全部やっています。ただし、リクルート事件に巻き込まれ、さらに病気にも苛《さいな》まれて、首相には届きませんでした。

宮澤喜一は、大平正芳には嫌われました。閣僚歴は華麗ですが、幹事長を経験せず、「政策通だけど、党務をやっておらず人望が無い」という扱いでした。しかし、大平が急死し、派閥を一時的に継いだ鈴木善幸が首相になると官房長官に抜擢《ばってき》されます。そして派閥を継承し、首相になりました。

渡辺美智雄は、中曽根が派閥を譲ってくれずに苦労しました。官房長官を経験していないのが象徴的です。主要閣僚はすべてやっていますが、幹事長にはなれず、二度チャレンジした総裁選で敗れています。

河本敏夫は三木から派閥を継いだのが68歳と高齢で、しかも最弱小派閥で力が及びませんでした。ちなみに長らく知られていませんでしたが、河本派への継承は事実上のクーデターだったと、三木の秘書が最近になって回顧しています（岩野美代治『三木武夫秘書回顧録　三角大福中時代を語る』吉田書店、２０１７年）。

## ネオニューリーダーの闘い

竹下内閣時代から、ネオニューリーダーと言われた人たちがいました。その人たちは、実際に政界の指導者となっていきます。

ネオニューリーダーと言われたこの世代で最初に総理大臣になったのは、海部俊樹です。リクルート事件で四大派閥の領袖が全滅、事件に無縁だった河本に白羽の矢が立ちましたが、いかんせん78歳の高齢。選挙を控えて老齢の首相では戦えないと最大派閥の実質的領袖である竹下が判断、最弱小派閥の領袖ですらない海部が突如として首相に祭り上げられました。

こうした事情ですから海部は軽量と言われましたが、三役も主要閣僚も経験ゼロ。大臣は文部大臣2回だけです。ただし一般には無名でしたが、三木内閣で官房副長官を務めていたので、政界では早くから「三木の秘蔵っ子」「河本派の次の領袖」と目されていました。三木内閣で、三木は海部を官房長官にしようとしたほどでしたが、派内事情で別の人（井出一太郎）が長官になり、海部は副長官として政権を支える経験を積みました。

三角大福中の5人はかわるがわる首相を務めましたから、それぞれの派閥の次世代の政治家が官房長官、そのまた次の世代は副長官を務めます。

竹下内閣には三人の官房長官がいると言われました。それは「まず本人の竹下、細かいところまで気配りする小渕、そして剛腕ぶりを発揮していた官房副長官の小沢一郎」

| | 田中角栄<br>↓<br>竹下登<br>↓<br>**小渕恵三** | 三木武夫<br>↓<br>河本敏夫<br>↓<br>**海部俊樹** | 福田赳夫<br>↓<br>安倍晋太郎<br>↓<br>**森喜朗** | 大平正芳<br>↓<br>宮澤喜一<br>↓<br>**加藤紘一** | 中曽根康弘<br>↓<br>渡辺美智雄<br>↓<br>**山崎拓** |
|---|---|---|---|---|---|
| 自民党三役 | 幹事長<br>（副総裁） | | 幹事長<br>政調会長<br>総務会長 | 幹事長<br>政調会長 | 幹事長<br>政調会長<br>（副総裁） |
| 主要閣僚 | 外務大臣 | | 通産大臣 | | |
| 官邸 | 官房長官 | 官房副長官 | 官房副長官 | 官房長官<br>官房副長官 | 官房副長官 |

です。結局、小沢の方が先に幹事長になり、一気に竹下派後継に手が届くと思われた矢先、竹下・小渕の二人と対立して派閥を追い出され、さらに自民党も離党していきます。2019年現在、首相の地位には届いていません。

小渕は、一時は副総裁に棚上げされ、同輩の橋本龍太郎に先を越されました。しかし、橋本が参議院選挙敗北の責任を取って辞任すると、後継に推《お》され首相の地位を得ました。小沢の脱派で第四派閥に転落した竹下派を継承して小渕派に衣替《ころもが》えし、その小渕派を再び最大派閥にまで伸ばしたのが最大の要因でした。

安倍晋太郎が福田内閣で官房長官に就任した時、副長官として仕えたのが森喜朗です。安倍死後の安倍派の跡目《あとめ》争いでは三塚博を支持し、三塚派のナンバーツーとなりました。その間、幹事長などのキャリアを積み、着実に自分の支持者を増やします。そして小渕首相が死去した時は党内ナンバーツーの幹事長として他派閥からも支持を受け、首相に登りつめていきます。

加藤紘一は、大平内閣では官房副長官、宮澤内閣では官房長官を務めています。サラリーマンが出世する上司について、自分も出世するようなものでしょうか。宮澤内閣では河野洋平も官房長官を務めていますが、河野との跡目争いでは宮澤派の多数の支持を得た加藤が勝利し、宮澤派は加藤派になります。敗れた河野は派閥を出ていき、河野派を結成します。加藤は党内第二派閥の領袖として、幹事長・政調会長と党内で地歩《ちほ》を築いていきます。ただし、その加藤派が分裂したので一気に影響力を無くし、遂には総理の地位に届きませんでした。

山崎拓は、中曽根内閣の官房副長官を務めました。仕えた官房長官は、藤波孝生です。しかし、リクルート事件で藤波は失脚、中曽根派を継いだ渡辺美智雄も総理には届かず、派閥は山崎が継承することとなりました。ただし、これに不満なベテラン議員は山崎に従わずに出て行ったので、分裂しましたが。その後、山崎は党務を中心に勢力を拡大しますが、総理にはなれませんでした。

## 「自民党をぶっ壊す」の真相

さて、ここまでで、自民党で出世をする条件は何かお判りでしょうか？
最も大事なのは、派閥です。派閥で地位を固める、そして自分が派閥の領袖になることこそ、自民党で実力政治家となる条件なのです。総理の座をつかんだ政治家、惜しくも夢破れた政治家、いずれも派閥を軸に動いているのです。党三役や主要閣僚の地位を得られるかどうかも、派閥の力次第なのです。時の総理が、「この派閥を敵に回したくない」と思わなければ、重要ポストは回ってきませんから。

ここで読者の皆様は、疑問に思うのではないでしょうか。安倍首相の前に長期政権を築いた小泉首相は、「自民党をぶっ壊す」「派閥政治打破」を掲げていたのではないか。現に小泉首相は旧来の派閥を「抵抗勢力」と呼び、国民の支持を背景に改革を進めたのではないか。

本気でそう思っていますでしょうか。

まず、小泉首相の後、首相についたのは安倍晋三・福田赳夫・麻生太郎の３人です。小泉内閣での彼らのキャリアを確認しましょう。

何のことは無い。小泉内閣で要職を占めた人たちが、次々と首相に就いたのです。安

| | 安倍晋三 | 福田康夫 | 麻生太郎 |
|---|---|---|---|
| 第一次内閣 | 官房副長官 | 官房長官 | 政調会長 |
| 第一次改造 | 官房副長官 | 官房長官 | 政調会長 |
| 第二次改造 | 幹事長 | 官房長官 | 総務大臣 |
| 第二次内閣 | 幹事長 | 官房長官 | 総務大臣 |
| 改造内閣 | 幹事長代理 | | 総務大臣 |
| 第三次内閣 | 幹事長代理 | | 総務大臣 |
| 改造内閣 | 官房長官 | | 外務大臣 |

倍、福田は、小泉と同じ森派の出身です。麻生太郎も、小泉内閣で重用され、今の安倍内閣でも重用されていますから、麻生派は同盟派閥と言って良いでしょう。小泉は表向きの派閥ではなく、真の味方という意味での派閥を重視したと読み取れます。

小泉の「自分が辞めた後も、後継者で政権を握る」という方針は明確でした。小泉が自分の後継者として育てようとしたのが安倍晋三です。当選3回で官房副長官に抜擢し、政権中枢《ちゅうすう》を経験させます。ちなみに、安倍とその上司に当たる福田は、前内閣の森喜朗内閣で登用されましたが、二人を森に推薦したのは、森派会長だった小泉です。総理大臣になると派閥の面倒を見れませんから、誰か代わりに派閥を預かる人が必要です。小泉は森に代わり、派閥を預かる立場だったのです。

さらに小泉は、閣僚経験どころか党務の経験が皆無の安倍を幹事長に起用します。衆議院選挙は何とか勝利しましたが、参議院選挙（人生いろいろ選挙）では大敗した責任を取り安倍は辞任します。ところが、幹事長代理に降格という形ですが、党中枢からは外《はず》しません。後任の幹事長は自ら「偉大なるイエスマン」と称した武部勤でしたから、安倍は幹事長に留まったようなものだ、と言われたものです。ある口の悪い評論家はテレビで小泉首相の口ぶりでセリフを再現していました。「武部よ、君は細かいことだけやればいい。大事なことはみんな安倍君がやってくれるから」と。

それはともかく、小泉の安倍への寵愛《ちょうあい》は誰の目にも明らかで、自分が辞めることが決まっていた最後の内閣改造で安倍を官房長官に抜擢します。完全に「総理大臣の予行演習」でした。総理以外での安倍の入閣は、これが唯一です。

安倍は総裁選に出馬し、外務大臣の麻生と財務大臣の谷垣禎一を大差で破って首相になります。

本格政権が期待された第一次安倍内閣が1年であえなく崩壊すると、ショートリリーフとして登場したのは、福田康夫でした。福田は年金スキャンダルで官房長官を辞任していましたが、それまでは官房長官の在任記録を打ち立てていました。保守志向の強い安倍に対し、福田はリベラルだと対比されることが多いですが、二人とも小泉側近です。森派で政権をたらいまわしにしているとも言えるのです。

ちなみに福田の在任記録は今の菅義偉官房長官に破られました。その菅がしばしば総理候補として名前が挙がるのは、官房長官として政権中枢に長くいるからです。現代では官房長官の地位は、総理に直結しているのです。ついでに言うと、73人いる無派閥議員の内、数十人が「隠れ菅派」だとも言われます。

ショートリリーフだった福田が、総選挙に勝てる顔として政権を譲ったのが麻生でした。麻生の総理就任前のキャリアパスは、幹事長・政調会長・外務大臣です（財務大臣は、総理退陣後）。このうち幹事長は、安倍・福田両内閣の辞《や》め際《ぎわ》に2回務めています。いずれにしても小泉・安倍・福田の森派内閣でキャリアパスを積んだ「身内」です。

## 小泉純一郎こそ派閥政治家だった

約8年の長期政権を築いた佐藤栄作、闇将軍として総理以上の権勢を振るった田中角栄と竹下登。この派閥の系列が、自民党を30年間も支配してきました。特に田中と福田赳夫の抗争は「角福戦争」と言われ、ほぼすべての政争で田中が勝利、敗れた福田派の怨念は燃え上がっていました。その30年間、福田派（後に安倍派〜三塚派〜森派）の代議士として、常に反主流で戦っていたのが小泉です。

麻生も含めれば、「森〜小泉〜安倍〜福田〜麻生〜（民主党）〜安倍」と、旧福田派は旧田中派から権力を奪った格好です。

では、小泉のキャリアパスを見ましょう。と言っても、党三役・主要閣僚・官房長官のすべてを経験していません。だからゼロです。厚生大臣を3回、郵政大臣を1回やっているだけです。おいしいポストは、派閥の領袖であった三塚や森に譲ったような格好です。しかし、小泉は取るものを取っているのです。

一つは、派閥です。福田赳夫の書生から始まり、森派に至った時は完全に派閥を掌《しょう》握《あく》していました。森首相は数々の失言から支持率は激減、日本中から辞めろと言われるような状態で、四面楚歌《しめんそか》でした。それを森派会長として盾となり守ったのが小泉です。小泉が森の後に出馬した総裁選で「脱派閥」を掲げて戦ったのは、派閥を完全に固めきっていたうえでのパフォーマンスだったのです。

ついでに言うと、総理在任中に多くの派閥を敵に回しましたが、青木幹雄だけは敵に回しませんでした。青木は旧竹下派で会長の橋本龍太郎元首相をしのぐ重鎮だっただけでなく、参議院全体に睨《にら》みを利かすドンだったのです。抵抗勢力が結束して小泉おろしを図《はか》っても、青木と組んでいる限り自民党の多数派なので、怖くなかったのです。

小泉純一郎こそ、筋金入りの派閥政治家だったのです。

そして、もう一つ。官庁の中の官庁と呼ばれる大蔵省（財務省）を味方につけていました。政務次官も、自民党の部会長も、国会での常任委員長も、すべて大蔵です。「同期でポストに就けるのは最後でいいから」と常に大蔵を希望していました。また、秘書の飯島勲氏は「政治家の実力は、主計局の役人をそらんじている事」と実践していたそうです（『代議士秘書　永田町、笑っちゃうけどホントの話』講談社、２００１年）。

## 代議士が登る四つの階段

歴史の話が長くなりました。ここまでは、総理大臣級の実力者の話でしたが、小泉進次郎がそのクラスまで行くのには、まだ時間がかかりそうです。そこまでに、いくつかの階段を登っていかねばならないからです。

代議士たちが昇る階段がいくつかあります。政府、国会、党、派閥の四種類の階段です（次ページ図参照）。

一種類の階段を縦に昇っていくケース（政務官→副大臣→大臣）は稀で、たいていは政務官→部会長→副大臣→常任委員長→大臣という具合に、政府・国会・党の階段をジグザグに上がっていきます。

そのため、以下の説明も、政府・国会・党・派閥の階段ごとではなく、斜めに上がっ

## 代議士が昇る四種類の階段

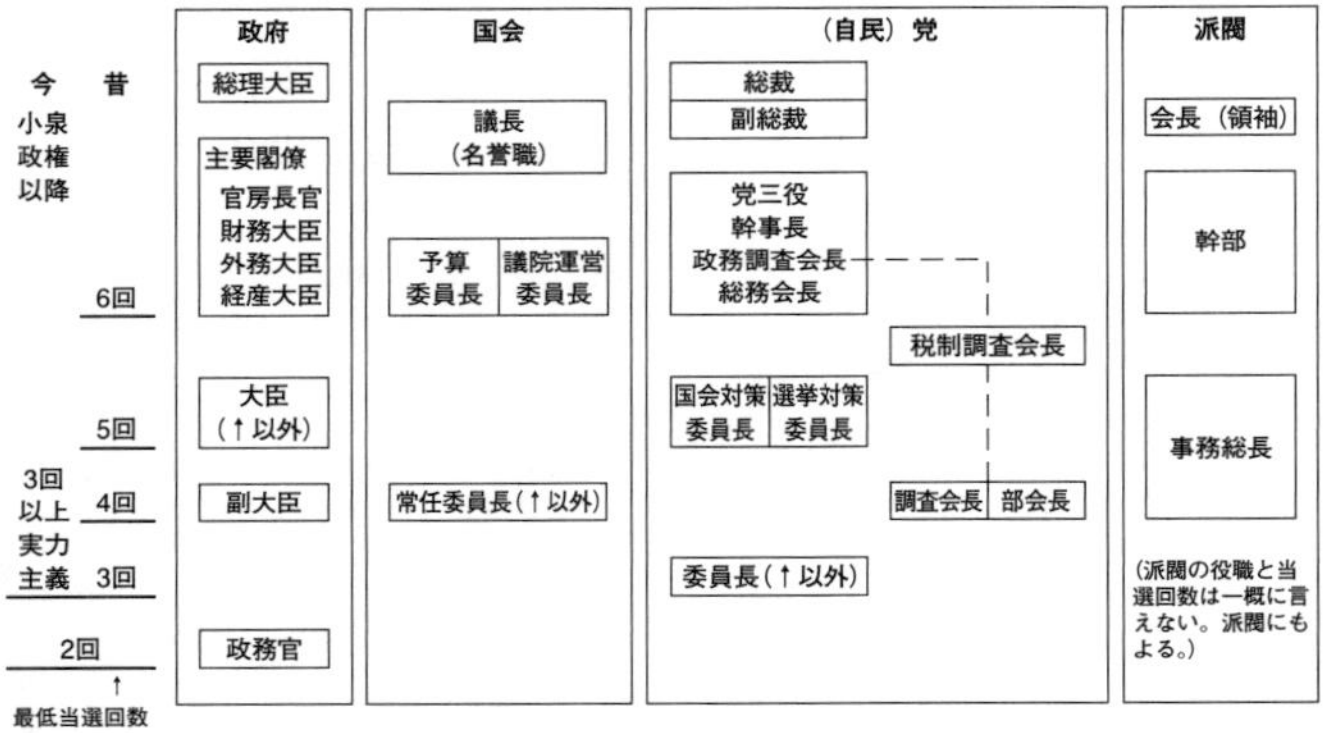


＊著者作成

ていきますので、どの枠の話をしているかは図を参考にしながら読み進めてください。

　国会には本会議のほかに常任委員会があり、議員は少なくともひとつの常任委員会に属することになっています。とはいうものの、新人議員は採決要員です。先輩に言われたとおりに、賛成か反対を表明するだけです。質疑なんか、しません。自民党員は数が多いし、国会およびその委員会で各議員が質疑などしていたら大変です。議員は、主な仕事を本会議や委員会の前に片づけます。国会での審議はセレモニーで、それ以前に与党内ですでにいろいろなことを決めているのです。

　よく国会議員の居眠りが問題になります

が、結論が既に決まっているので、やる気を出しようがないという同情の余地はあります。

1955年以降、ほとんどの場合は自民党が与党でした。だから、国会の多数派である自民党の意思が決まれば、そのまま国会の意思となるのです。

自民党の政策を決めるのは、政務調査会（政調会）です。ここのトップが政調会長で、三役の一人です。

政調会には、政策や法案のテーマごとに部会が設置されています。各議員は自分（および支持者）の興味関心に従って、特定の部会に参加します。原則として、どこの部会に出てもかまいません。「優秀な自民党員」として認められるには、部会で熱心に勉強しているかどうかもポイントです。

この部会で決まったことが総務会に報告され決定となると党議拘束がかかります。党議拘束がかかると各議員が勝手に賛成や反対を表明することはできず、党の方針に従わなければなりません。

自民党は年に一度、全国会議員や地方の議員が集まる党大会があります。最高意思決定機関です。しかし、こんなものを日常的に開くわけにはいきません。そこで総務会で意思決定をします。その会長が総務会長で、これまた三役の一人です。

政党の基本は、政策と組織です。政策を担うのが政調会長なら、組織を仕切るのが幹事長です。自民党では、総務会と政調会に属さない組織は、すべて幹事長の下にあると言って過言ではありません。名誉職の最高顧問なんかは例外ですが。ちなみに、この章で何度か出てきた副総裁ですが、基本的には実力者が就く名誉職です。特に仕事は決まっていません。とはいうものの、実力者が就くので、何かと相談事が持ち込まれることは多いですが。

国会や党の仕事のほかにも議員たちは、地元での活動も欠かせません。「金帰火来《きんきからい》」という言葉あります。金曜日に地元に帰って、火曜日に国会に戻ってくるという意味です。選挙で受かるためには地元の支持者が必要ですから、週末は支持者との結びつきを深めます。衆議院の任期は4年ですが、せっかく当選しても1年もたたずに解散ということもありえます。それで、普段から選挙区を回って自分を売り込んでおかなければならないので、週末には選挙区に帰るのです。そして、また週のはじめに出仕します。

そして、火曜から金曜は、東京で朝から晩まで中央で議員活動をします。

朝は自民党の部会に出て、昼からは国会、夜は派閥の会合があります。衆議院本会議の定例日が火・木・金であるためこのようなサイクルになったようです。もっとも「金帰火来」は少し古くて、今では「金帰」はそのままですが「月来」する人が多くなっているようです。

## 何回当選しても大臣になれない

このようにまじめに働いていると、優秀な人は当選2回で政務官になります。政務官は各省庁の大臣・副大臣を補佐する役目です。「大臣政務官」というのが正式名称ですが、普通は単に「政務官」といいます。担当省によって人数は異なり、1〜3名です。省名を上につけて財務政務官、外務政務官などと呼びます。

そして、当選4回ぐらいになると党の階段上では○○部会長や、××調査会長になります。国会の階段では予算と議院運営以外の委員長。政府の階段では副大臣になる可能性が出てきます。

図の段階を一歩一歩上がる人もいれば、大股《おおまた》三段抜かしで飛び上がる人もいます。ただ、当選3〜4回までは図にある段階を着実に踏みしめていく人がほとんどです。

そして、政府や国会、党内で良いポストにつくかどうか、これは、結局のところ派閥の力で決まります。そのため、基盤である派閥でのポジションを固めておくことが、実は、一番大事なのです。

ところで、昔の自民党のルールでは、大臣になるには最低5回は当選しなければなりませんでした。逆に、どんな……アレな人でも7回当選したら、ハマコー（浜田幸一）以外は大臣にしてもらえました。ハマコーさん、若い頃に殺人未遂事件を起こして、実刑を受けているのです。本人は、「グレてヤクザになったんじゃない。ヤクザになって更生したんだ」と生涯言っていましたが、さすがに前科者の元ヤクザを大臣にするわけにはいかないという良識（？）が働いたのです。

とはいうものの、最近では何回当選しても大臣になれない人が出てきました。閣僚になると週刊誌をはじめマスコミがスキャンダルを狙っています。大臣のスキャンダルは内閣を吹っ飛ばしかねません。最近の総理大臣は、大臣選びに慎重になったということです。

また、総理大臣になるには初入閣から15年かかると言われていました。「桃栗三年、柿八年、総理大臣十五年」と言われました。初当選から数えるなら、総理大臣になるまでに30年以上かかるという計算になります。

それが小泉首相のとき、当選回数のハードルは3回に下がりました。となると、今では議員歴10年以降は実力次第です。

その実力とは、つまるところ派閥内での力です。まずは派閥で出世すること、そして、派閥により多くの子分を抱えこむ力です。

## 小泉進次郎の現在地

さて、前置きがかなり長くなったようですが、小泉進次郎です。派閥には属していません。表向き。しかし、着実に仲間を増やしています。

マスコミでの露出度は知名度が低い大臣よりも上で、大抵のベテラン議員より発信力があります。選挙のたびに応援演説に駆り出されているのをニュースでよく見るでしょう。小泉進次郎が応援に来てくれたおかげで当選できた政治家が何人もいるのです。そうやって、派閥に属さなくても、仲間を増やしているのです。将来、派閥を旗揚げした時に、ついてくる人がいるかもしれません。若手を束ねる青年局長も2期務めています。

ちなみに昔はお金の面倒を見て、選挙の応援演説に来たときは一緒に「陣中見舞い」を渡して、且《か》つ選挙区の団体を回って支援を要請して、はじめて「恩」が生まれたものでした。小泉氏の場合は、どうなのかは知りませんが。

当選4回の小泉氏は、部会長の位置にいます。農林部会長、ついで厚労部会長に就きました。いずれも予算規模が大きく、票を持っている支持団体の関心が高い分野です。部会長として「仕事ができる」と認められると、出世コースに乗ります。

父・純一郎氏の歩んだコースを、実はなぞっているように見えてきます。

一方、心配なのが山下貴司法務大臣です。山下大臣は小泉進次郎より1期若い当選3回。検察官出身で、既に8本の議員立法を成し遂げている政策通です。「自民党議員なのに経済と憲法の両方を分かっている！」と評判です。法務政務官から、いきなり大臣になりました。山下氏は石破茂氏が率いる石破派に属しています。石破氏は、安倍首相に対し総裁選で対抗していたので、首相が石破派の秩序を乱すためにわざと山下氏をごぼう抜きにしたとの噂もあります。石破派には山下氏より当選回数が多いのに大臣になれていない人が４人います。これでは嫉妬してくださいと言わんばかりです。どうやって、派閥内で立場を固めていくのか。

また、大臣就任早々、改正入管法（批判者は「移民法」と呼ぶ）という難しい法案を担当させられ、マスコミでのイメージは悪くなりました。

大臣になれば勝ち、ではないのです。

### 組閣人事の重要性

日本の政治家として最高の地位、総理大臣になるためのステップを簡単にまとめます。

1. 四種類の階段を着実に昇る。
2. 派閥の領袖になる。（派閥の階段のトップ）
3. 総裁になる。（党の階段のトップ）
4. 総理大臣になる。（政府の階段のトップ）

なお、国会の階段のトップは衆参両院議長ですが、総理総裁になれなかった人の名誉職です。

日本の政治では、自民党総裁が総理大臣ですから、総理総裁になるために、派閥の領袖を目指すということは、散々お話ししました。

第四章で述べたように派閥のバランスで総裁が選ばれ、自民党総裁が総理大臣になりますので、総理大臣になるためにも、やはり派閥が一番大事です。

そして、総理大臣であり続けるために必要な条件は以下の通り。

1. 組閣人事でうまくやる。
2. 次の総裁選挙にも勝つ。

## 3. 国政選挙に勝つ。

2、3から解説します。

衆議院の任期は4年ですが、任期満了前に解散することのほうが普通で、おおむね3年ごとに選挙があるとしていいでしょう。参議院の任期は6年ですが、3年ごとに半分改選されます。総裁選は3年ごとに行われます。つまり単純に計算すれば、ほぼ毎年、総理大臣の進退を問われるような大選挙が行われていることになります。これは他国に例がないことです。

各国の上院に相当する参議院に関して、本来は首相が責任をとる筋合いはありませんが、日本の場合は国政を左右する一大事なので（第四章参照）、この参議院選挙でも総理大臣のクビに影響します。

第四章で日本の総理大臣の権力は法律的には強いと申しましたが、総理大臣であり続けるためのハードルはなかなかに高い。言いかえれば、強いけれども不安定です。それで、日本の首相はコロコロ変わるのです。

その不安定な総理の地位を安定させるために重要なものが1の人事です。閣僚人事にあたって信賞必罰《しんしょうひつばつ》をはっきりさせ、敵は外し、味方で固める。これができれば強い総理大臣になれます。それを実際に行ったのが小泉純一郎です。徹底的に敵である橋本派を干しました。

もちろん国政選挙には勝たなければなりませんが、強い総理ならあらゆる政局で断固とした措置がとれ、国民も評価しますから選挙でも勝てるという好循環が起こります。

ただし条件があって、自民党政治は派閥で決まります。安倍「一強」も派閥の力学から脱することはできません。安倍・麻生・二階の三人の派閥を合わせれば自民党議員の過半数に及ぶから、当然、強い。そして、ただ強くありたいだけであれば、自民党のルールに従って、このまま、なあなあとやっていればいい。

では、なぜこの二人なのか。単なる数合わせならば、他の派閥と組んでも構わないではないかと思います。

## 麻生・二階を味方につける理由

安倍首相の真意は不明ですが、推測はできます。麻生太郎、二階俊博の二人がどんな人か知れば。政府を支えるのが麻生、党を預かるのが二階、という構図です。

麻生太郎副総理兼財務大臣は、安倍首相が返り咲いてからの6年、その地位に在任しています。財務省の利益代表のような人です。財務省は「官庁の中の官庁」と言われる最強官僚機構です。

二階俊博幹事長は、面倒見の良さで評判ですが、それ以上に創価学会との関係の近さも有名です。創価学会とは、自民党と連立与党を組む公明党の最大支持母体の宗教団体ですが、今や自民党の最大支持組織でもあります。衆議院の300選挙区に、それぞれ2万票を持っていると言われます。2万票あれば、自民党議員の当落がひっくり返ります。

連立政権は国内外で珍しいことではありませんが、自民党と公明党の連立はかなり特殊です。普通は選挙の後、第一党が過半数を占めることができなかった場合に他党と組んで政権運営を行えるようにします。つまり、選挙の結果を受けて、連立相手を決めるのです。ところが、自民党と公明党は連立を前提として選挙前から協力関係にあり、票を譲り合ったりします。ですから、組織が弱体化している自民党にとって、公明党という集票マシーンとの連携連立は大変魅力的です。

今や自民党は衆参両院で過半数を握っています。本来ならば、連立など不要なのです。しかし、今や創価学会抜きで選挙をできない、公明党を敵に回せば野党に転落しかねないので、単独政権に戻れないのです。

総裁が安倍首相であれ誰であれ、自民党に投票するということは、創価学会の政権を認めるということです。

麻生・二階を味方につければ、もれなく財務省と創価学会がついてくるのです。もし、安倍首相が「戦後レジームからの脱却」などという大それたことを考えず、一日でも長く総理をやりたいだけの人なら、この2人と組んでいるのが合理的です。

ただし、ここで再び、安倍一強の法則を思い出してください。

日銀が金融緩和をする↓株価が上がる↓支持率が上がる↓選挙に勝てる↓誰も引きずりおろせない

これには、「消費増税をしない」という重要な条件がありました。財務省は常に安倍政権に増税を求めてくる組織です。

今のところ、「2回の金融緩和＋2度の消費増税延期」で、消費増税8％の悪影響にかろうじて勝っています。しかし、そこまでしても、景気回復は緩やかでしかありません。そんな状況なのに、「2019年10月1日に、必ず消費増税10％をやり抜く」と安倍首相は宣言しています。昨2018年末は、「増税しても景気が悪くならないような対策」に邁進《まいしん》していました。対策をしなければならないということは、景気が悪くなると言っているようなものです。

安倍首相は政権返り咲きの際、「憲法改正による戦後レジームからの脱却」を掲げ、「まず経済」と宣言しました。しかも「2年で景気回復」と断言しました。ところが、6年たっても景気が回復していません。しかも景気が回復しきらない内に増税なんかしたら、またデフレ不況に逆戻りです。

安倍首相が麻生・二階と組むことは、政権維持の方策としては合理的です。しかし、それは国民生活を犠牲にした上です。もっとも、前の民主党政権のデフレ時代よりは回復しているだろう、というのが安倍支持者の言い分ですが。言い換えれば、「国民は、これくらいで我慢しろ」にもなります。

普通、自分の権力維持のために、国民生活を犠牲にするような政権は、選挙で制裁されます。ところが、代わる野党がありません。自民党内でも、麻生・二階の2人を味方につけている限り、総裁の地位は維持できます。

総裁候補を持たない派閥を昔は「中間派」と言いましたが、両派は中間派です。自分が総理を目指すよりも、三派連合を組んでいる方が権力を維持できるのですから、合理的な選択でしょう。

これが今の日本の権力構造です。

## 「官僚がシンクタンク」の無責任

自民党は、組織も衰えましたが、所属議員の個人個人にも問題があります。自民党議員と話をすると、レベルの低い人が多いです。申し訳ないですが、絶望的です。しかも勉強熱心だから、余計に救いがない。

自民党の議員は、部会に行って、朝から勉強しています。あるいは朝食会のような各種会合が無数に行われていて、早いものだと朝六時ぐらいからやっています。与党議員というと夜な夜な宴会しているイメージかもしれませんが、宴会をするのは政局が動くときだけです。普段は基本的に七〜八時から部会です。意外に思われるかもしれませんが、そのぐらい「勉強熱心」なのです。

問題は、その勉強の中身です。自民党議員の勉強とは官僚に話を聞くことです。官僚の話を聞くこと自体は構いません。しかし、それを無批判に受け入れるのはどうでしょうか？　官僚というのはポジショントークから離れられない生き物です。そこから離れたら官僚ではありません。

これについてはマックス・ヴェーバーという社会学者の名言があります。

官吏にとっては、自分の上級官庁が、——自分の意見具申にもかかわらず——自分には間違っていると思われる命令に固執する場合、それを、命令者の責任において誠実かつ正確に——あたかもそれが彼自身の信念に合致しているかのように——執行できることが名誉である。このような最高の意味における倫理的規律と自己否定がなければ、全機構が崩壊してしまうであろう

（マックス・ヴェーバー『職業としての政治』岩波文庫、１９８０年）

それに続けて、政治家については「これに反して、政治指導者、したがって国政指導者の名誉は、自分の行為の責任を自分一人で負うところにあり、この責任を拒否したり転嫁したりすることはできないし、また許されない。官吏として倫理的にきわめて優れた人間は、政治家に向かない人間、とくに政治的な意味で無責任な人間であり、この政治的無責任という意味では、道徳的に劣った政治家である」とも述べています。

本来なら、政治家は官僚に会う前に自分のアタマを作っておかなければなりません。ところが、それをしないで、官僚から情報をもらって「勉強」しているのが現在の自民党議員の現状です。まさに「政治的な意味で無責任な人間」であり、「道徳的に劣った政治家」です。

自民党は官僚機構をシンクタンクのように思っています。では、ポジショントークから離れられない官僚が間違ったりウソを吐いたらどうするのか。

たとえば、財務官僚は本人の信念がいかに「今の段階で増税はできない」と思っていても、それを外部で口にすることはできないのです。官僚とはそういうものです。今は知りませんが、昔の大蔵省には自由な議論があり、外部で組織の立場を守れば、内部での議論は自由で、このルールさえ守れば上司に盾突いても許されました。

極端な話、内部で増税反対の議論をしている官僚が、政治家に増税の必要性を説いていることもあるのです。そうした場合、その官僚氏はもっともらしいデータを並べてご説明しながらも、「この議論のおかしさを指摘してほしい」と思っているのです。

ところが自民党議員が、「東大法学部を出た頭の良い財務官僚の言うことだから間違いない」と鵜呑《うの》みにしたらどうなるか。

日本は破滅します。

政治主導が叫ばれて久しいですが、これでは官僚にいいように使われるだけで、政治主導などありえません。

かつて民主党は政治主導を目指しましたが、うまくいきませんでした。ノウハウがない連中が主導したので官僚主導よりひどいことになってしまったのです。

しかし、官僚まかせの自民党政治が良いわけではありません。たしかに、選挙もなく朝から晩まで一生同じ省庁で仕事をしている官僚に専門知識でかなうわけがありませんが、大所高所《たいしょこうしょ》から判断し、実務に優れた官僚を使いこなすのが政治家のあるべき姿です。

選挙で忙しい政治家が、片手間の勉強で官僚にかなうはずがない。この問題を外国は、政治家が官僚に対抗するスタッフを抱えることで解決しようとしています。シンクタンクです。

ドイツは政党助成金の一部をシンクタンクに使うことを法律で義務づけ、官僚に騙されないだけのアタマを政治家が持てるようにしました。こうして政党近代化に成功したのです。ドイツの二大政党はキリスト教民主同盟と社会民主党で、概《おおむ》ね保守とリベラルです。保守かリベラルの連立政権が西ドイツの時代以来続いています。両者は選挙だけでなく政策も競います。二大政党だけでなく、どの政党も与党に入る準備として、シンクタンクを抱えているのです。

ところが、今の日本では、自民党が永久与党で、まじめに政策を戦わせる相手がなかったために、政策立案は官僚にまかせきりの体制が出来上がってしまいました。事実上、官僚がシンクタンクなのです。それで、いまだに自民党議員の勉強は官僚から情報をもらうことに終始している。

高度経済成長期のように、新しいことは何も考え出さなくても、今までの路線を守っていれば全てうまくいくときはそれでもよかったのかもしれませんが、いまだにそれでいいのでしょうか。

一日も早い日本の政党の近代化が望まれます。

## 日本の三権分立の実態

小学校から三権分立を習います。立法は国会、行政は内閣、司法は裁判所、と。しかし、実態は違います。

真の三権は、内閣法制局・財務省主計局・検察庁です。選挙で忙しい政治家が、本来の仕事を官僚に丸投げしているのですから、官僚国家になるのは当然です。一つ一つ説明しましょう。

まず、司法は裁判所だろうと思われるかもしれません。しかし、日本では検察に起訴されたら99・9％の確率で有罪になります。この数字は、スターリン時代のソ連よりも高いとか。さらに数字を挙げると、警察が逮捕した被疑者の中で、起訴されるのは約6割です。これでは検察が裁判をしているようなものです。検察は「精密司法」と呼ばれるのですが、一方で裁判所は本当に仕事をしているのかと疑いたくなります。

そして、政治家の疑獄事件は政変につながりますが、時の政権と検察の関係に関しては、小著『検証 検察庁の近現代史』（光文社新書、２０１８年）で詳述していますので、ご参考ください。

また、同著及び『検証 財務省の近現代史』では、財務省と検察庁の関係についても詳述しておきました。１９９０年代、時の最大派閥竹下派（小渕派）を背景に検察は大蔵省を家宅捜査、幹部の逮捕に踏み切ります。大蔵省バッシングの流れの中での出来事です。大蔵省にとって屈辱的だったのは、「律令以来」と誇ってきた大蔵省の看板を取り上げられ、「財務省」への改名を強要されたことです。しかし、小泉内閣以降、財務省は復権し、「官庁の中の官庁」の地位を取り戻しました。小泉政権以降、森派の流れを汲《く》む自民党政権が続く中、旧竹下派はかつての権力を失いました。そして検察庁で出世したのは、大蔵省バッシングへの加担に慎重だった人たちです。

昨２０１８年前半は財務省にとって受難で、森友学園の許認可をめぐる公文書書き換え疑惑で国税庁長官が辞任、さらにセクハラで財務事務次官が辞任という惨状でした。財務省から逮捕者が出るのではと、世間では思われていました。ところが、検察は一切、財務省に切り込みませんでした。それどころか、２年にわたり大騒ぎした森友事件

（加計学園をめぐる疑惑とともに、モリカケと言われた）は、もはや誰も問題にしません。国会ではモリカケしか話題がないのかと思われるほど取り上げていたのに。

その理由は話し出すと別の一冊の本になるので、簡単にまとめます。２０１５～18年の財務省は確かに弱っていましたが、18年7月末に、岡本薫明氏が財務省のトップである事務次官に就任するや、モリカケなどは収束しました。岡本氏は早くから将来の事務次官と目され、２００6年から一度も中枢を離れたことがないエリート中のエリートです。その岡本氏が公文書書き換え問題の責任者である官房長（財務省の№３）でした。「財務省」へのバッシングはモリカケ問題で激しかったのですが、岡本氏を追及したメディアなどほぼゼロです。

財務省は岡本体制になって、かつての力を取り戻したと思われます。その証拠に、本来は財務省の大問題であるモリカケ騒動は収束し、安倍首相も早々と「増税をやり抜くと」閣議決定しました（２０１8年10月15日）。消費増税10％は財務省の悲願ですが、過去2回国政選挙を行ってまで増税を延期した安倍首相も、白旗を揚げたように見えます。

## 財務省主計局の強大な権力

さて、財務省の権力の源泉です。財務省には五つの局がありますが、序列は決まっています。ダントツの筆頭は、主計局です。予算を司《つかさど》ります。「予算は国家の意思」という言葉がありますが、その予算を握る主計局には、たいていの政治家は頭が上がりません。優秀な政治家、特に自民党での評価は何でしょうか。「予算を引っ張ってこれること」です。地元に道路を作った、新幹線を作った、公民館や体育館を作った……等々。すべて、主計局が予算として認めてくれるかどうかの匙《さじ》加減です。政治家も他の全省庁も、予算をもらうために頭を下げにきます。一括《ひとくく》りに財務省と言っても、「主計局とその他」の差は歴然としています。

イギリスでは二大政党は自分で予算を作りますが、日本の政党にそんな能力はなく、すべて財務省に任せきりです。「日本は政治家が無能でも官僚が優秀だから国としてやっていける」という神話がありますが、確かに日本の政治家の無能は目を覆《おお》うばかりです。官僚に頭を下げて予算を認めてもらう、官僚が書いた作文をちゃんと読める、というのが優秀な政治家の条件なのですから。そして、そんな「優秀」の定義に疑いを持たないことが目を覆うばかりです。

では、財務省主計局の優秀さの根源は何か。彼らは国家予算の隅から隅まで熟知している、そして歳入と歳出が1円単位までピタリと合う、日本国の財政に矛盾はない、と威張ります。

それこそが無能の証拠だ、と誰も言わないのが嘆《なげ》かわしい限りです。

会社の収支などが合わないことはよくありますが、余ったカネは繰越金《くりこし》にすればいいのです。学会などでは収入の三割が繰越金という年もあります。ところが、財務省主計局とは1円単位で使い切るという、まったくどうでもいいところに命をかける人々です。収支が1円たがわずぴったり合うことに何の意味があるのかよくわかりません。

そして、国家予算はなぜか複式簿記ではなくて単式簿記です。単式簿記というのは家計簿やお小遣い帳のイメージです。専門知識なしに作成できますが、資産状況が複雑な場合は不適当です。長期計画があれば運用できなくもありませんが、大変に面倒になります。

そのため一般社会では簿記といえば複式簿記です。誰にでもわかるように、会社の決算などでは複式簿記による損益計算書、賃貸借表が作成されます。

もしかして、国家予算を複式簿記にしてしまうと、政治家にもわかってしまうので、財務省主計局は絶対に複式簿記にしないのではないかと勘繰《かんぐ》りたくなります。

ところが、あえて単式簿記に固執《こしつ》するのは、わかりにくくするためです。予算の帳尻などどうでもいいから、国民生活のことを考えてくれ、不況の時に増税などやめてくれと思いますが、そういう政治家はいません。

政治家でもこうしたことにおかしさを感じる人はいても、主計局を敵に回したら選挙で当選できません。予算を獲ってこれない無能な政治家の烙印《らくいん》を捺《お》されますから。自民党の政治家など、当選回数を重ね出世していくうちに主計局にお世話になりますから、こうしたシステムに異を唱えなくなるのです。予算とは「アメ」ですが、アメは与えないことによって「ムチ」となります。

## 主税局は主計局の〝パシリ〟

財務省は主計局だけでも、全政治家と他の全官庁を敵に回しても怖くないほどの権力を持っていますが、その他四局も絶大です。

序列第2位は、主税局。税務署の元締めです。「マルサの女」で有名な国税庁も、事実上は主税局の出先機関です。最近は変化がありますが、昔は主税局長まで勤めた人が国税庁長官になるのが慣例でした。政治家もマスコミも財務省の批判をすると税務署がやってくると恐れています。そんな主税局も、主計局にかかったら〝パシリ〟です。

「予算を使いたいから税金とってこい!」「アイツ生意気だから、税務調査行ってこい!」というイメージでしょうか。

序列第3位は、理財局。国有財産と財政投融資を管理します。財務省の中では、主計・主税に大きく水を空けられた存在ですが、JT(日本たばこ)やNTTと言えば超巨大民間企業ですが、筆頭株主は財務省です。形式上は財務大臣ですが、実際に筆頭株主としての仕事をしているのは理財局長です。

序列第4位は、国際局長。国際金融を扱いますが、扱う額もケタ違いです。2011年10月31日、当時の財務省(勝栄二郎次官、木下康司国際局長)は為替《かわせ》介入として1日で8兆円を投じました。超円高を阻止《そし》するためです。1週間で10兆円を投じました。すさまじい権力です。もっとすさまじいのは、何の効果も無かったことです。要するに、10兆円をドブに捨てたのですが、政治家も誰も財務省を批判できないことです。

官僚が無能をやらかすのは仕方ありません。問題は責任を取らせられないどころか、批判もできないことです。当然、総理大臣(当時は野田佳彦)や財務大臣(当時は安住淳)の許可を得てやっているからです。自民党に限らず、たいていの政治家は官僚のご説明を聞いて納得しているからハンコを押すわけです。だから、官僚にだけ責任をおしつけられない。いわば、共犯関係です。政治家には選挙がありますが、官僚には責任をとる義務はありません。

序列第5位の関税局は、割愛します。

いずれにしても、財務省が実質的に最強の権力を握っている、行政権力であるのはおわかりでしょうか。

## 句読点まで修正する内閣法制局

ただし、唯一の例外が内閣法制局です。法制局は、日本政府が国会に提出する法案のすべてを審査します。

日本の国会は法律を決定する（議決する）ところではあっても、法律を作るところと言えるかどうかは、疑問です。議員が作る法律（議員立法）もあるにはありますが、数が少ない上に成立する割合も少ないのが現状です。ほとんどの法律は官僚が、与党とのすり合わせや関係各省との折衝《せっしょう》を行った上で作り上げ、それを内閣が提出します。国会で審議される法案のほとんどは、この内閣提出法案（閣法）なのです。

他の官庁は新たな法律を作ってもらいたい場合、あるいは改正したい場合は、法制局に許可をもらわねばなりません。他の官庁が作った法案に赤字を入れるのが法制局の仕事で、その権威は絶大です。ある官庁の法案など、「句読点まですべて赤字で修正されて返された」とか。

実際に仕事はできる人たちで、「太政官以来の日本国の法律がすべて頭に入っている」「最高裁よりも最高裁の判例を知っている」という伝説まであります。さすがに前者は大嘘ですが、後者は本当です。現に、最高裁は思い出したように違憲判決を出しますが、その対象は戦前にできた法律か議員立法です。本来、法律の良し悪しを判断するのは裁判所の役割のはずですが、内閣法制局の意向がすべてを決めているかのようです。そこに法的な拘束力は何もないはずなのに、事実上、内閣法制局が立法機関として振る舞っています。

その内閣法制局にはどんな人たちが集まっているかというと、彼らは新卒を採用して育てていくことはせず、参事官以上の幹部は各省庁からの出向者で構成されています。入省してから15〜20年くらいの人がやってきます。ただ、省によって人数が異なり、有力省ほど多く採用され、環境省と防衛省からは参事官が出ていません。そして、ある参事官が任期を終えると、同じ省庁から別の人が出向してくるというシステムで、既得権益のようになっています。なお、昔は各省庁が法制局へエリートを送り込んできましたが、最近では（省によっては）そうでもないとか（西川伸一『立法の中枢　知られざる官庁　内閣法制局』五月書房、２０００年、83〜84頁）。

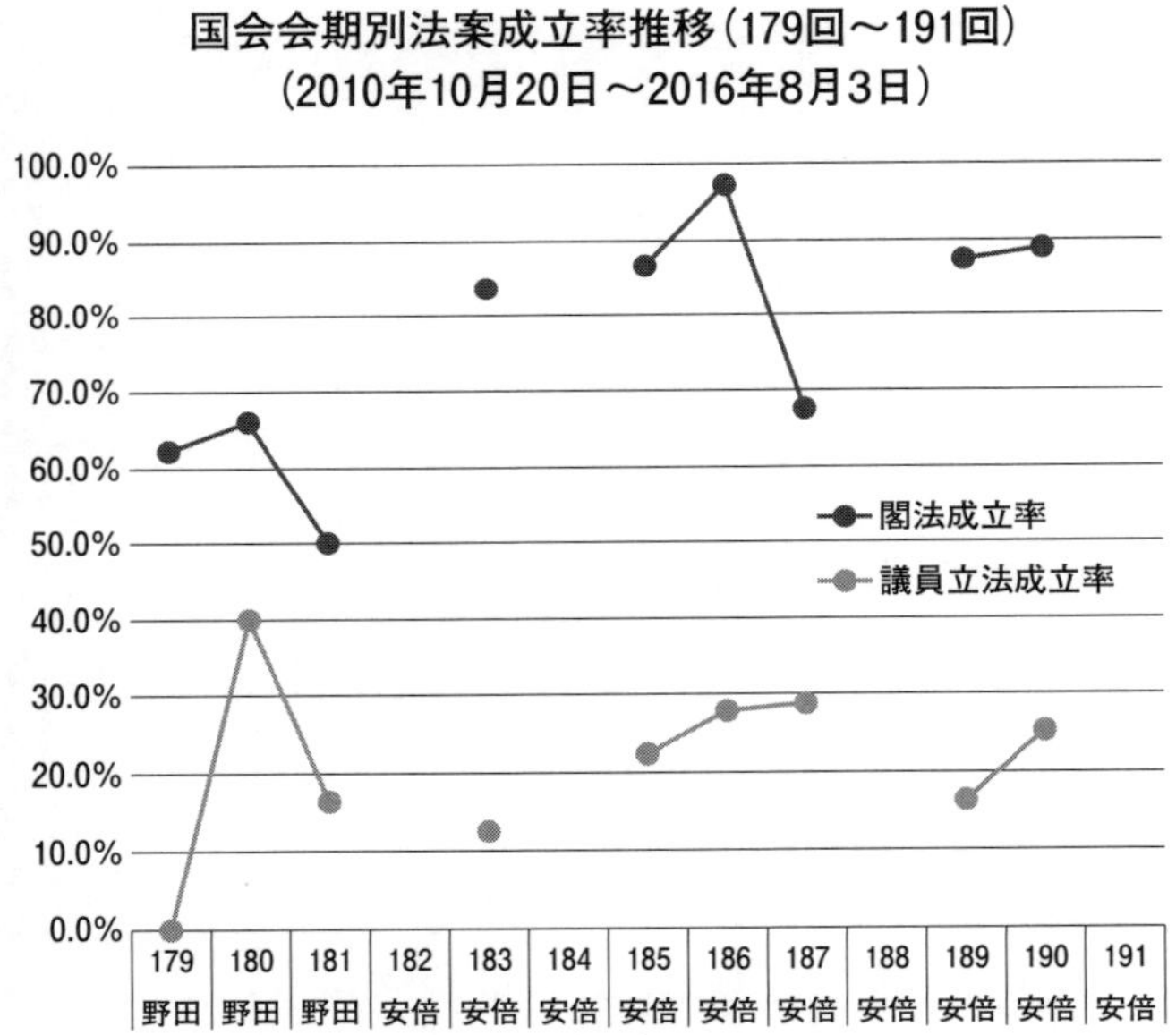


継続審議の件数は除外
182,184,188,191回については、会期日数が3～6日で、成立法案0であるためグラフでは除外。
出典: http://tyeko2.hatenablog.com/entry/2016/12/23/231021

## 議員より官僚の方が優秀

提出・成立する法律に政府法案が多いのは日本に限った話ではありませんが、内閣法制局のように、微に入り細に入り、形式ばかりでなく内容にまで立ち入って干渉する機関は他国にはないものです。

内閣法制局の仕事は、これから作られようとする法律が、どの法律と矛盾するかを調査し、必要ならこの辺をこう変えなければいけないのではと調査することです。立法そのものではありません。

しかし、法律を作ろうとすると、内閣法制局がいちいち「今ある法律と矛盾する」と文句をつけてくる。その結果、提出した法案が、まったく別のものになってしまうこともしばしばあります。

それを第61代内閣法制局長官・阪田雅裕氏に語らせると、こういう感じになります。

法律の議論というのは理屈の問題ですから、論理としてこのように考えるということを法制局は申し上げてきたわけです。……内閣もそれをもっともだと思い、法的な専門家のアドバイスとして尊重してきたということだと思います。もちろん法的

> 拘束力のないものですから、内閣が納得できないと考えれば、それに従うのではなく、再考せよと命令することだってありうると思いますし、そうするべき立場でもあります。ただ幸いにしてというか、これまでそういうことはなかったということです。（阪田雅裕『「法の番人」内閣法制局の矜持』大月書店、２０１４年、45頁）

法制局の言うことに従うかどうかは内閣の判断であって、私どもに責任はないのですよ～と、しゃあしゃあと言っています。すべては政治の責任であると。形式的には、その通りです。政治家が官僚より頭が悪いのだから仕方がありません。国民が選挙で選んだ国会議員より、東大法学部を出て公務員試験に受かった官僚の方が優秀なのが現実ですから。

　そして、政治家たちは尻尾を巻いてしまいます。はっきり言いますが、法制局に喧嘩を売った国会議員など、片手で数えられるくらいじゃないでしょうか。

　酷《ひど》い議員になると、最初から内閣法制局に気を使って、法律を作る段階で、「これでは法制局は通らない」と自主規制したりすることもあるくらいです。またあるときは、支持者の要求する法律変更に対して、「○○という法律と矛盾するから、それはできないんですよ」と言い出したりします。

主客転倒です。法律を作る国会議員が、法制局に矛盾を指摘されないように新規立法を控える。新しく法律を作った時に、矛盾する古い法律を調べる（そして、そちらも変えてしまう）のが仕事の、法制局に遠慮して。

内閣法制局で聞きかじった知識で得意げに有権者を説教している場合もあれば、やりたくないからあえて内閣法制局の名前を出して、その権威を使う場合もあるのでしょう。こうなると、いずれにしても救いようがありません。内閣法制局に頭を押さえつけられていながら、現状打破を試みるどころか、この状態をよしとしています。法的拘束力をもたない法制局の権威が絶大なものとなっているのは、ひとえに政治家がだらしないからです。その意味で阪田元長官の指摘は正しい！

**財務事務次官こそ日本の帝王**

そんな内閣法制局のたゆまぬ営《いとな》みにより、日本国の法律はすべて一点の矛盾もなく、完璧な整合性を保っていることになっています。

アメリカなど普通の国では後からできた法律が優先され、新法が旧法を無効にしていきます。

法制局は「日本国の法体系に矛盾が無いようにするのが我々の仕事だ」と威張りま

す。しかし、そんなことは本来の仕事ではないのです。はっきり言って、不要です。法制局は調査だけしていればいいのです。

ところが、財務省（主計局）の審査を通過し、国会が議決した予算を伴う法律に対しても一言、「憲法違反の疑義がある」と法制局が指摘すれば、すべてが止まります。国会は違憲の疑いが無いように法律を修正するしかありません。

しかし、予算の帳尻があうとか、法律に一点も矛盾もないとか、それに何の価値があるのでしょうか。主計局や法制局が「優秀」な理由も、政治家が「そんな能力はイランン！　もっと大事な仕事をしろ！」と一喝《いっかつ》できないから生じるのです。古い話で申し訳ないですが、明治の元老が健在だった時に法制局や財務省（大蔵省）が威張り散らしたという話は聞きません。

ここで間違ってほしくないのは、法制局や主計局を叩きたい、ましてや力を弱めよと言っているのではないのです。優秀で、しかも能力の使い方を激しく間違えている彼らを、より強く賢い政治家が善導せよ、と言っているのです。

日本の実質的支配者は、財務省主計局です。財務事務次官こそ、日本の帝王です。それに対し、法制局長官はローマ教皇のようなものです。財務省は最強の指導力を持っている。予算という指導力は、二番目に強い拒否権に転化します。法制局は自ら能動的に動くリーダーシップは持っていませんが、最強の拒否権を持っています。

以上が、真の三権とは、「立法＝法制局、行政＝財務省主計局、司法＝検察庁」であるとする理由です。

### 安倍首相が揚げた白旗

実は、この構図を日本で最もわかっているのが安倍首相かもしれません。「三権」のなかでは最弱の検察に対しては、人事介入を繰り返しました。現在の黒川弘務法務事務次官は安倍首相のお気に入りと、何度も報道されています。法務事務次官は検察トップの検事総長への登竜門と言われていますから、安倍首相の検察への掌握は確かでしょう。2年もモリカケで叩かれても、安倍内閣はビクともしませんでした。

財務省に対しては、抵抗と妥協を繰り返しています。財務省を敵に回すと政権が持たないが、彼らの言う通りにデフレ期の増税をしても政権が持たない。だから、1回は増税するけれども、2回は延期、そしてとうとう10％もやる姿勢です。

この間、財務事務次官の人事を見ると、実にわかりやすいです。

木下康司　8％増税。

香川俊介　解散総選挙で、増税を延期。香川本人は癌で、退任直後に死亡。
田中一穂　参議院選挙の際に増税延期を公約。公務員試験130位。
佐藤慎一　久しぶりの経済学部出身。軽量次官。
福田淳一　セクハラで辞任。
岡本薫明　10％増税を早々と閣議決定。

安倍首相が増税延期を勝ち取った相手は、不治の病の香川次官と軽量次官だった田中・佐藤・福田の3人です。何のことは無い、木下・岡本という実力次官には白旗なのです。

それでも、財務省相手には戦う姿勢をとっているだけ、まだいい。

法制局相手には、戦う気配すらありません。安倍自民党憲法案はこれまで内閣法制局が積み上げてきた解釈に、句読点の位置まで忠実です。安保法制でも、横畠祐介長官に頼り切りでした。

こうした日本の現実を、一人でも多くの国民が知らないと、解決策など出てくるはずがないと思います。

では指をくわえて見ているか、それとも、本書で学んだ知識を活かすか。それは読者のあなた次第です。

〈本章のまとめ〉

●総理大臣になるには必要なキャリアパスがある。

●官僚任せの政治家は無責任！

●日本の実質的支配者は財務事務次官と法制局長官。

**倉山 満**

1973年、香川県生まれ。憲政史研究者。中央大学大学院文学研究科日本史学専攻博士後期課程単位取得満期退学。国士舘大学日本政教研究所などを経て、現在、倉山塾塾長。ネット放送局チャンネルくらら主宰。著書に『政争家・三木武夫　田中角栄を殺した男』（講談社＋α文庫）、『工作員・西郷隆盛　謀略の幕末維新史』（講談社＋α新書）、『日本史上最高の英雄　大久保利通』（徳間書店）、『明治天皇の世界史　六人の皇帝たちの十九世紀』（PHP新書）、『並べて学べば面白すぎる　世界史と日本史』（KADOKAWA）など多数。

講談社＋α《プラスアルファ》新書　781-2 C

**2時間《じかん》でわかる政治《せいじ》経済《けいざい》のルール**

倉山《くらやま》 満《みつる》

2019年2月20日第1刷発行

発行者―――― 渡瀬昌彦

発行所―――― 株式会社 講談社
東京都文京区音羽2-12-21 〒112-8001
電話 編集(03)5395-3522
販売(03)5395-4415
業務(03)5395-3615

カバー写真―――― 共同通信社

デザイン―――― 鈴木成一デザイン室

カバー印刷―――― 共同印刷株式会社

印刷―――― 株式会社新藤慶昌堂

製本―――― 株式会社国宝社

定価はカバーに表示してあります。

落丁本・乱丁本は購入書店名を明記のうえ、小社業務あてにお送りください。

送料は小社負担にてお取り替えします。

なお、この本の内容についてのお問い合わせは第一事業局企画部「＋α新書」あてにお願いいたします。

Printed in Japan
ISBN978-4-06-514929-4

# 講談社+α新書

**中華思想を妄信する中国人と韓国人の悲劇**　ケント・ギルバート
欧米が批難を始めた中国人と韓国人の中華思想。英国が国を挙げて追及する韓国の戦争犯罪とは
840円 754-2 C

**日本人だけが知らない砂漠のグローバル大国UAE**　加茂佳彦
なぜ世界のビジネスマン、投資家、技術者はUAEに向かうのか？　答えはオイルマネー以外にあった！
840円 756-1 C

**金正恩の核が北朝鮮を滅ぼす日**　牧野愛博
格段に上がった脅威レベル、荒廃する社会。危険過ぎる隣人を裸にする、ソウル支局長の報告
860円 757-1 C

**おどろきの金沢**　秋元雄史
伝統対現代のバトル、金沢旦那衆の遊びっぷり。ここに著者が10年住んでわかった、本当の魅力
860円 758-1 C

**「ミヤネ屋」の秘密**　大阪発の報道番組が全国人気になった理由　春川正明
なぜ、関西ローカルの報道番組が全国区人気になったのか。その躍進の秘訣を明らかにする
840円 759-1 C

**一生モノの英語力を身につけるたったひとつの学習法**　澤井康佑
「英語の達人」たちもこの道を通ってきた。読解から作文、会話まで。鉄板の学習法を紹介
840円 760-1 C

**茨城 vs. 群馬**　北関東死闘編　全国都道府県調査隊 編
都道府県魅力度調査で毎年、熾烈な最下位争いを繰りひろげてきた両者がついに激突する！
780円 761-1 C

**ポピュリズムと欧州動乱**　フランスはEU崩壊の引き金を引くのか　国末憲人
ポピュリズムの行方とは。反EUとロシアとの連携。ルペンの台頭が示すフランスと欧州の変質
860円 763-1 C

**脂肪と疲労をためるジェットコースター血糖の恐怖**　人生が変わる一週間断糖プログラム　麻生れいみ
ねむけ、だるさ、肥満は「血糖値乱高下」が諸悪の根源！　寿命も延びる血糖値ゆるやか食事法
840円 764-1 B

**超高齢社会だから急成長する日本経済**　2030年にGDP700兆円のニッポン　鈴木将之
旅行、グルメ、住宅…新高齢者は1000兆円の金融資産を遣って逝く→高齢社会だから成長
840円 765-1 C

**歯は治療してはいけない！　あなたの人生を変える歯の新常識**　田北行宏
歯が健康なら生涯で3000万円以上得!?　認知症や糖尿病も改善する実践的予防法を伝授！
840円 766-1 B

表示価格はすべて本体価格（税別）です。本体価格は変更することがあります